RECHERCHES

SUR LES

ÉTABLISSEMENTS HOSPITALIERS

DU LOUDUNAIS

Par Roger DROUAULT

Membre de plusieurs Sociétés Archéologiques

LOUDUN

IMPRIMERIE A. ROIFFÉ

14, PLACE CARNOT, 14

RECHERCHES

SUR LES

ÉTABLISSEMENTS HOSPITALIERS

DU LOUDUNAIS

LEPROSERIES DE LOUDUN ET DE BERNAZAY
AUMONERIES DE BERTHEGON, CURÇAY
SAMMARÇOLLES, MONTS ET MONCONTOUR
MAISON-DIEU DE LOUDUN
LE SANITAT
LA MAISON DE CHARITÉ

PAR ROGER DROUAULT

Il n'y a pas de conclusion plus universellement approuvée de tous les peuples et religions du monde : qu'il faut soulager les pauvres.

TH. RENAUDOT.

LOUDUN
IMPRIMERIE A. ROIFFÉ
14, PLACE CARNOT, 14

1895

A MON PÈRE

A MA MÈRE

En témoignage de ma profonde vénération

RECHERCHES

SUR LES

ÉTABLISSEMENTS HOSPITALIERS

DU LOUDUNAIS

Les établissements hospitaliers, qui n'apparaissent à Rome qu'au IVe siècle sous l'influence du christianisme, ne sont signalés en Gaule qu'environ deux cents ans plus tard (1); mais ce n'est guère que vers le milieu du XIe siècle que les fondations charitables, dues aux rois, aux seigneurs ou au communautés d'habitants, se répandirent dans notre pays (2).

Ces établissements étaient de deux sortes : les uns, appelés léproseries, maladreries ou ladreries, étaient destinés à secourir les malades atteints de la lèpre, affection devenue fréquente à la suite des croisades; les autres, connus sous le nom de Maisons-Dieu ou Aumôneries (*Elemosinariæ*) étaient, tantôt de véritables hopitaux, et alors on leur appliquait plus généralement la première dénomination, tantôt des lieux de refuge ouverts aux pélerins et aux passants qui pouvaient y loger une nuit; ceux-ci étaient désignés d'une façon particulière sous le nom d'*Aumôneries*.

---

(1) L'hôpital de Lyon fut créé en 542 par Childebert; l'Hôtel-Dieu de Paris a été établi en l'an 800; à Poitiers, l'evêque Ansoald, fondait en 696 un hôpital pour douze malades.

(2) V. *Introduction à l'histoire des établissements de charité à Poitiers*, par *M. de la Ménardière*. — Poitiers, Dupré, 1874.

Le Loudunais possédait ces différentes sortes d'établissements hospitaliers; il y avait léproserie à Loudun et à Bernazai, aumônerie, dans le sens que nous venons d'indiquer, à Berthegon, Curçay, Sammarçolles, Monts et Moncontour (1), enfin une Maison-Dieu, véritable hôpital, à Loudun (2).

Nous allons donner successivement les documents que nous avons recueillis sur ces fondations charitables dont l'origine se perd souvent dans la nuit des temps; puis, arrivant à une époque plus moderne, nous nous occuperons du Sanitat, créé au XVIIe siècle à l'occasion d'une peste cruelle, et nous terminerons par la monographie de la Maison de Charité, une des pages les plus curieuses et les plus touchantes de l'histoire de notre vieille cité.

⁂

LA LEPROSERIE DE LOUDUN

Le bourg gallo-romain de *Lugdunum* devenu à l'époque carlovingienne le chef-lieu d'une importante viguerie a dû posséder de bonne heure des établissements charitables. Notre historien Dumoustier (3), sur la foi du journal manuscrit d'Etienne Rousseau (4), enquêteur au bailliage, faisait remonter la création de la léproserie de Loudun à l'empereur Charlemagne à qui Trincant attribuait aussi la fondation du prieuré de Notre-Dame du Château : nous ne discuterons pas les

---

(1) Un livre de recette de 1769 fait mention d'une aumônerie à Coussais sur laquelle nous n'avons pas trouvé d'autres indications (*Arch. dép. de la Vienne, prieuré de Coussai*); il s'agit sans doute d'un simple bénéfice dépendant de ce prieuré. Une pièce du même fond mentionne en 1724 une terre de la *Maladrye*, joignant le chemin de Monts à Coussais.

(2) Il y avait aussi au XIIe siècle une autre aumônerie dépendant de l'église Sainte-Croix; nous en dirons quelques mots plus loin.

(3) *Essais sur l'histoire de Loudun*, 2e partie, p. 36.

(4) Il y a eu toute une dynastie d'Estienne Rousseau, enquêteurs au bailliage; Le Proust qualifie l'un d'eux de « personnage amateur et curieux, rechercheur de choses antiques »; c'est probablement l'auteur du manuscrit cité par Dumoustier; c'est peut-être aussi ce journal qui est ainsi désigné dans un inventaire dressé le 20 mai 1669 par Co[illegible]fex, notaire royal à Loudun, après le décès de Marthe Rousseau, sœur d'un Etienne Rousseau, enquêteur au bailliage : « ung pappier journal couvert de parchemin contenant plusieurs feuilles de papier, partye escritte, et l'autre partye non escritte qui ont esté paraphées de nous, dict nottayre, et cottées par nous de la lettre A. »

fantaisies historiques de nos vieux auteurs pour qui Charlemagne était le fondateur obligé des institutions dont l'origine était inconnue.

Il y a tout lieu de croire que cette léproserie avait été créée aux dépens des seigneurs de Bauçay qui, du reste, se prétendaient fondateurs ; elle se trouvait de plus dans le fief dépendant de cette baronnie ; de cette maison de Bauçay qui, si nous en croyons le comte de Sainte-Maure, descendait des anciens vicomtes de Loudun (1), nous connaissons déjà plusieurs fondations charitables : en 1060, Hugues de Bauçay donnant aux moines de Tournus trois églises à Loudun, les chargeait de nourrir un pauvre à perpétuité (2). Alo, fils d'Alo et père d'Alo, que le comte de Sainte-Maure rattache aussi à cette même famille, concédait, en 1076, à l'abbaye de Bourgueil, l'église du Bas-Nueil et des terres à Berrie pour y édifier un monastère et un hospice pour leurs hommes (3) ; c'est aussi aux seigneurs de Bauçay que les Cordeliers et les Carmes devaient leurs monastères.

Nous n'avons rien trouvé sur la vie de cet établissement (4) ; c'est du reste un fait assez général, les documents concernant les léproseries sont fort rares (5), conséquence des sévères ordonnances (6) qui retranchaient les lépreux de la société et de l'effroi qu'ils inspiraient à leurs contemporains (7). Ces malheureux pour se distinguer de la foule devaient porter un costume spécial, un chapeau d'écarlate et un long bâton blanc ; le bruit de leur *cliquette*, morceaux de bois qu'ils frappaient l'un contre l'autre, avertissait les passants de leur approche ; dès qu'un individu était atteint de la lèpre, il était conduit à la léproserie avec un cérémonial dont les anciens rituels ont conservé les détails : un prêtre allait chercher le lépreux dans sa maison et le conduisait à l'église

---

(1) Cf. *Dom Fonteneau*, t. XLVII.

(2) « Concesserunt monachi Lausdunenses, ut omnibus diebus usque in perpetuum, pauperem unum cibo et potu sufficienter reficiant. » *Juenin, hist. de Tournus*, p. 129.

(3) *Dom Fonteneau*, t. XLVII, p. 67.

(4) Dumoustier prétend que cette léproserie fut comprise dans le don de 100 livres fait en 1225 par le roi Louis VIII à chaque ladrerie de France, mais n'indique pas où il a puisé ce renseignement.

(5) Signalons, à cause de cette rareté, l'intéressante brochure de M. Abel Lefranc : *Un règlement intérieur de léproserie au treizième siècle ;* il s'agit de la Maison de Saint-Lazare de Noyon. M. Lefranc montre la condition des lépreux au Moyen-âge, bien meilleure qu'on est porté à se le figurer ; dans cette léproserie, chaque malade avait son lit garni d'un oreiller, de draps et de couvertures, son gobelet d'argent, sa provision de vêtements et de linge ; des personnes bien portantes, séduites par la vie facile et heureuse des pensionnaires, cherchèrent à obtenir par fraude une place dans la léproserie.

Augustin Thierry, dans le *Recueil des Monuments inédits du Tiers-Etat,* t. I, p. 323, a donné le règlement de la maladrerie d'Amiens (21 avril 1305).

(6) Le registre des délibérations du Conseil de Ville de Châtellerault (1458-1470) que nous avons retrouvé, il y a quelques années, dans un grenier de cette ville, et qui est aujourd'hui aux Archives Départementales, contient plusieurs ordonnances concernant l'aumônerie de Saint-Marc à Châteauneuf et la maison de la maladrerie où il y avait, en 1469, « aucuns (quelques) malades de la maladerie de leppe ; » une délibération de février 1467 fait défense aux femmes qui ont leurs maris à la léproserie de les fréquenter « sous peyne d'estre mises et gectées hors la ville ou qu'elles s'en aillent du tout demeurer avecques eulx. »

(7) On connait les troubles que causèrent, en 1321, les lépreux qui étaient accusés d'avoir reçu de l'argent des Juifs pour empoisonner les sources et les fontaines.

étendu sur une civière et couvert d'un drap noir; il chantait le *Libera* en faisant la levée du corps, puis à l'église célébrait une messe particulière à ces cérémonies. Après la messe le lépreux, toujours couvert de son voile noir, était porté à la porte de l'église, le prêtre jetait l'eau bénite sur lui et processionnellement l'amenait à la léproserie, chantant encore le *Libera*. Là le prêtre le faisait descendre et lui adressait les défenses suivantes : « Je te défends d'entrer dans les églises, aux marchés, aux moulins, aux fours et autres lieux dans lesquels il y a affluence de peuple. Je te défends de laver tes mains et les choses nécessaires pour ton usage, dans les fontaines et les ruisseaux et, si tu veux boire, tu dois puiser l'eau avec un vase convenable. Je te défends d'aller en autre habit que celui dont usent les lépreux. Je te défends de toucher aucune chose que tu veux acheter avec autre chose qu'avec une baguette propre pour indiquer que tu veux les acheter. Je te défends d'entrer dans les tavernes et, si tu veux avoir vin ou viandes, qu'ils te soient apportés dans la rue. Je te commande si aucuns ont propos avec toi, de te mettre au dessous du vent, et ne faut que tu passes par chemin étroit pour les inconvénients qui en pourraient advenir. Je te défends de toucher aucunement enfants quels qu'ils soient et de leur donner ce que tu auras touché. Je te défends de manger et de boire en autre compagnie que de lépreux et sache que quand tu mourras tu seras enseveli en ta maison. » (1)

Des lépreux existaient encore en Loudunais au XVIe siècle et peut-être même au commencement du siècle suivant. Le Proust et Trincant, qui écrivaient, l'un vers 1590, l'autre en 1626, ne citent pas cette maladrerie comme un établissement désormais inutile (2); de plus nous avons retrouvé dans les registres d'état civil de Saint-Pierre-du-Marché, la mention suivante : « Le dit jour (30 décembre 1626) a esté inhumée la gardienne de Saint-Lazare dans la dite église (3). » Si à cette époque il n'y avait plus de lépreux à Loudun, leur disparition devait être fort récente : aux XVIe et XVIIe siècles (4) la lèpre était, il est vrai, devenue une rareté, à tel point que les anciennes ordonnances étaient tombées en

---

(1) CHERUEL. — *Dict. des Inst., mœurs et coutumes de la France, V° Léproserie.* Du Cange, V° *Leprosi*, décrit ainsi le cérémonial usité dans le diocèse de Saint-Flour d'après un rituel édité en 1490 : *De modo separandi Leprosos.* In ecclesia ante altare pannus niger, si habeatur, supponatur duobus tretellis disjonctis, et juxta stet infirmus, genibus flexis, inter tretellos, subtus ponitur similitudinem mortui gerens, quamvis vivat corpore et spiritu, Deo donante; et sic ibi devote missam debet audire. Presbyter ad leprosum : si vis bibere, haurias aquam cum tuo busillo vel aliquo vase ; item defendo tibi, ne de cetero vadas sine habitu leprosali, ut cognoscaris ab aliis ; et noli decalciatus esse extra domum tuam.

(2) Le premier dit : « au bout du nouveau faulx bourg de la Porte Nostre Dame qu'on appelle de Mirebeau est le temple et l'hospital de Sainct-Ladre, pour la retraite des lépreux. » Le second : « en un faubourg du costé de Poictiers il y a une malladrie quy n'a aulcun revenu de laquelle les seigneurs de Bauçay se disent fondateurs. »

(3) *Arch. Com. de Loudun*, GG-11.

(4) Au XVIIe siècle il existait en France 1502 léproseries. V. *Estat des Maladreries de France.* — Bibl. Nat. f. St-Germain, fr. 884.

désuétude, mais n'était pas entièrement disparue (1) : de 1566 à 1665 une famille de lépreux composée du père, de la fille et du fils habita la léproserie de Notre-Dame de Beaulieu près Caen ; le dernier mourut centenaire (2).

Trincant dans son *Abrégé* prétend que cette maladrerie ne possédait aucun revenu (3) ; il n'en avait pas été toujours ainsi : des titres du xve siècle font souvent mention de la « terre de Sainct-Ladre » et de plus une dîme qui se levait au faubourg de la Porte-de-Mirebeau portait le nom de Dîme de Saint-Ladre. A Loudun, comme dans beaucoup d'autres villes les lépreux vivaient surtout de la charité publique (4) ; dans quelques endroits les bouchers étaient tenus de leur réserver les langues des bœufs qu'ils tuaient ; à Poitiers les droits d'une foire dite foire des Lépreux leur appartenaient.

La léproserie s'élevait à l'extrémité du faubourg qui porte encore le nom de Saint-Lazare (5), patron des lépreux ; elle comprenait, nous dit Le Proust, « un temple et un hôpital » ; l'hôpital, a été détruit par la construction d'une ferme et seule une partie de la chapelle est encore debout. Orientée de l'est à l'ouest, celle-ci présentait la forme d'un rectangle terminé à l'est par une abside circulaire ; « il n'en reste plus, écrivait, il y a quelque cinquante ans, M. Arnault-Poirier, que le mur au nord réduit à la hauteur de deux à trois mètres et une petite partie de l'abside qui était éclairée par trois fenêtres en plein cintre de quatre décimètres de largeur et d'un mètre huit décimètres de hauteur ; cette même abside était extérieurement consolidée par des pilliers buttants de huit décimètres de saillie. Dans la seule muraille qui reste il y a une porte en plein cintre qui a un mètre deux centimètres de largeur et se trouve fort basse, sans doute à cause de terres qui ont été rapportées de ce côté ; elle est à huit mètres de l'abside ; c'était peut-être l'entrée du clocher qui pouvait se trouver dans cette position. Je présume que cette chapelle avait de 5 à 6 mètres de largeur sur une long. de 16 mètres (6). »

Au commencement du siècle dernier cette chapelle était encore en bon état et on y célébrait quelquefois le service religieux ; les domaines dépendant de cet établissement étaient alors « une petite vigne dans un

---

(1) La lèpre, qui fait encore de nombreux ravages en Norwège et aux Iles Sandwich, n'aurait pas encore, d'après une communication faite le 23 août 1892 à l'Académie de Médecine par le docteur Zambaco, complétement abandonné la France : elle existerait encore sous le nom de *Mal du Morvan*, en Bretagne, où depuis une haute antiquité ces lépreux autochtones qui n'ont pas contracté la lèpre à l'étranger et n'ont jamais quitté leur village, sont connus sous le nom de *Kakous* ; dans les églises une partie et un bénitier leur étaient spécialement affectés. (Cf. le compte rendu, *Journ. Off.* du 29 août 1892).

(2) Congrès des Sociétés Savantes (juin 1880). Communication de M. Raulin, président de la Société des Antiquaires de Picardie; (Cf. *Journ. Off.* du 14 juin 1880, p. 2742).

(3) Un *Pouillé* imprimé en 1648 à Paris par Alliot, attribue à cette maladrerie un revenu de 400 livres ; chiffre absolument fantaisiste.

(4) Des exemptions de taxes et autres privilèges furent accordées aux léproseries par Philippe II en 1188, Philippe VI en 1344; François 1er en 1554; Louis XIV en 1645.

(5) Jusqu'au XVIIe siècle ce quartier porta le nom de Saint-Ladre

(6) *M. Arnault-Poirier — Monuments de l'arrondissement de Loudun* — Mém. de la Soc. des Antiq. de l'Ouest, année 1846, p. 128.

coing de laquelle, du costé de la rue il y a une petite chambre ou cellier couvert de thuiles et un jardin attenant à la dite chapelle contenant trois à quatre boissellées » (1). Vers 1780 le service, attendu le mauvais état de la chapelle dont la toiture n'existait plus, fut transféré à la Maison de Charité et un placet fut adressé au roi pour obtenir la permission de la démolir.

Cette chapelle était à la présentation du prieur de Notre-Dame du Château de Loudun (2) ; les archives départementales renferment plusieurs actes de nomination et présentation de chapelains (3). Le 3 septembre 1530, Hilaire Rogier, vicaire général du diocèse, nomme à la chapelle de Saint-Ladre *seu leprozeria*, sur la présentation de Gui de Brilhac, prieur de N. D. du Château, Jean Tabarin, acolite et licencié en decret ; celui-ci résigne, cinq ans plus tard, en faveur de Jean Guerry, clerc ; le 13 avril 1610 Jean Bibien, prêtre, « pourvu de la chapellenie de Saint-Lazare fondée et desservie en la chapelle Saint-Lazare située faux bourgs de Lodun », donne pouvoir à René Lomonnier, vicaire de Saint-Pierre-du-Marché, pour résigner cette chapellenie.

Paul Lescalu, est présenté le 30 mai 1662 par Jean Ricard, recteur du collège des Jésuites de Poictiers et prieur de N. D. du Château. Ce fut le dernier chapelain ; comme nous le verrons plus loin les lettres patentes unirent en 1700 les domaines de la léproserie à la maison de charité. Malgré le peu d'importance de ce bénéfice Lescalu s'opposa à cette réunion et une sentence du bailliage du 8 juillet 1716 lui en laissa seulement sa jouissance pendant sa vie. A son décès, arrivé le 12 juillet 1718, les administrateurs entrèrent en possession de ces domaines et les louèrent moyennant huit livres à un jardinier (4).

CHAPELAINS DE SAINT-LAZARE

JEAN GAULART, décédé en 1530.
JEAN TABARIN, (5) (1530-1535).
JEAN GUERRY (1535).

---

(1) *Arch. de l'Hospice de Loudun* — Cette notice et celles qui suivent ayant pour principale source les archives si riches et inexplorées de l'Hospice de Loudun, nous ne donnerons plus dorénavant, pour ne pas cribler notre texte d'une infinité de notes, l'indication de la source quand les documents utilisés proviendront de cette précieuse mine.

Ces archives ont été classées, il y a quelques années, par M. Chauvineau, alors Secrétaire de la Mairie.

(2) *Ecclesia Sancti Lazari de Loduno patronatum haber prior Beate Marie de Loduno* (Pouillé de Gautier).

(3) *Chapelle Saint-Lazare de Loudun*.

(4) Un édit de décembre 1672 avait déjà uni les maladreries devenues inutiles à l'ordre du Mont-Carmel ; mais cette réunion n'eut pas de suite et fut révoquée en mars 1693. V. *M. Ph. de Bosredon, note sur les biens des Maladreries*, Paris, 1854.

(5) Il était curé de Saint-Pierre-du-Marché de Loudun et de Saint-Pierre des Trois-Moutiers, en 1542.

RICARD BOUQUET, décédé en 1603.
LOUIS BARREAU (1603).
JEAN BIBIEN (1610).
HILAIRE PEAN (1630).
RENÉ BERNIER (1662).
PAUL LESCALU (1662-1718).

***

LEPROSERIE DE BERNAZAY

Bernazay, chef-lieu de viguerie aux temps carlovingiens, avait aussi une maladrerie, dépendant peut-être de l'important chapitre de chanoines qui existait autrefois dans ce lieu ; elle est mentionnée dans un titre de la Commanderie de 1473.

Les biens qui en dépendaient furent, par lettres patentes du 11 juillet 1698, réunis à l'hôpital de Loudun (1) ; mais ces biens, qui, dès longtemps avant cette réunion, avaient été usurpés par des particuliers, ne purent être retrouvés par les administrateurs.

Le souvenir de cet établissement s'est conservé jusqu'à nous par un lieu-dit qui s'appelle aujourd'hui *Les Mallarderies*, section B du cadastre (2).

Puisque nous parlons de Bernazay, signalons dans ce lieu un établissement de religieuses de charité qui nous a été révélé par la note ci-après, extraite des registres d'état civil de la paroisse de Saint-Hilaire des Trois-Moutiers : « Le lundy, septiesme jour de mars 1650, fut enterrée au cymetière le corps de defunte Nomée (3) Herpailler, venue de Pouant-sur-Ceaux, qui fut visitée et assistée en sa maladie par les sœurs de la charité de Bernazay qui la firent enterrer. »

L'établissement de ces religieuses doit être, sans aucun doute, attribué au célèbre François de Rochechouart, alors exilé de la cour pour avoir embrassé le parti de la Fronde, qui avait fait de son château de la Mothe-Chandeniers (4) un lieu de délices où défilèrent toutes les illustrations contemporaines ; après sa mort, sa fille, Marie de Rochechouart, vendit la Mothe, en 1685, à M. de Lamoignon et avant de quitter le pays

---

(1) *Archives Nationales*, V — 1168.
(2) Un arpentage de 1699 mentionne « une pièce de terre au terroir de la Malladrye, joignant d'une heurée au chemin tendant de Troys Moutiers à Loudun et d'autre au chemin tendant de Brenazay à Chamdoyseau. »
(3) Néomaie.
(4) Alors appelé la Mothe de Baussay.

fit diverses fondations et « destina aussi, dit l'abbé Amiet, une somme pour l'entretien de deux religieuses qui furent établies aux Trois-Moutiers. » Bien probablement elle ne fit qu'assurer l'existence des religieuses de la charité qui existaient déjà à Bernazay (1).

***

AUMONERIE DE BERTHEGON

L'histoire de la fondation de cette aumônerie est venue jusqu'à nous, un aumônier ayant eu l'heureuse inspiration d'insérer dans son registre de recette pour l'année 1576 un extrait du titre de dotation qui se trouvait alors dans les archives de Sainte-Radégonde de Poitiers (2).

L'aumônerie de Berthegon fut fondée, sous le vocable de St-Mathurin, dans la seconde moitié du XIVe siècle par messire Pierre Amant, curé de Notre-Dame de ce lieu, qui la dota de vingt-quatre setiers de froment de rente assise sur ses seigneuries de la Forêt près Turzay et de la Maison-Nau, près Berthegon (3) ; Pierre Amant voulut que le premier aumônier fut Jehan de la Tronche « son nepveu germain quy est à dire cousin.

Noble homme Guyon Amant, écuyer, seigneur de la Guillanchère et de la Forêt, neveu et héritier de Pierre Amant, délaissa à Jehan de la Tronche pour remplir les volontés de son oncle, diverses rentes montant ensemble à 24 setiers de froment.

Pour assurer le paiement de ces rentes, il hypothèqua ses domaines de la Forêt, la Guillanchère et la Maison-Nau ; de son côté, Jehan de la Tronche s'engagea, pour lui et ses successeurs aumôniers, à faire dire à l'entour de la conception Notre-Dame une grand'messe de requiem à haute voix avec vigiles à l'intention du fondateur, à distribuer le même jour aux pauvres trois setiers de froment et à entretenir à perpétuité « ung lict garny de deux linceuils » ; il fut en outre convenu que la présentation de l'aumônerie appartiendrait au seigneur de la Forêt ; ces

---

(1) *Lamothe-Chandeniers, poème latin par Léonard Frizon, jésuite, an 1657, traduit par Amiet, prêtre, curé de Bournand près la Mothe* — Loudun, Bruneau-Rossignol, 1839, p. 108.

(2) « Pour l'aumosnerie de la ville de Brethegon ; extraict des titres de dotations de l'aumosnarye faict et extraict (par) moy, maistre Anthoyne Gallard, curé de la ville de Brethegon et aumosnier dudict lieu en l'année 1576. — (Arch. de l'Hosp.)

Ces titres de fondation n'existent plus dans les papiers de Sainte-Radégonde conservés aux Archives départementales de la Vienne.

(3) Certaines phrases d'une enquête que nous signalons plus loin donneraient à croire que cette aumônerie existait avant Pierre Amant, qui ne fit que la doter de nouvelles rentes. Nous n'avons cependant rien trouvé pouvant confirmer cette opinion.

conventions furent arrêtées le 7 juin 1373 devant Gilbert, notaire à Mirebeau.

Les aumôniers ne respectèrent pas longtemps les intentions du fondateur et supprimèrent la charge d'hospitalité qui leur avait été imposée, se contentant de distribuer aux pauvres l'aumône de trois setiers de froment. Aussi, en 1551, le procureur du roi fit-il saisir les revenus de l'aumônerie, et à cette occasion, fit procéder à la curieuse enquête que nous publions ci-après; on remarquera que déjà à cette époque le souvenir de la destination première de l'aumônerie était entièrement perdu; on y verra aussi en quelle médiocre estime les contemporains tenaient ces établissements où se commettaient nombre de « volleryes et homicides. »

Information et inquisition secrète faicte par nous Pierre Galterneau et Françoys Marchant le jeune, sergent et notaires royaulx, à la requeste du procureur du roy et de M. Michel Charryer, aulmousnyer de l'ausmoulnerye de Brethegon près Faye-la-Vineuse, sur certaines démollitions, ruynes et décadences prestendues estre advenues en la dicte aulmousnerye et du temps d'icelle, commencées à faire en la ville de Poictiers l'an mil cinq cens cinquante et ung.

Charles Gallard, marchant et houstellyer, demourant au bourc et paroysse de Brethegon, aagé de cinquante et un ans ou environ, après serment par luy faict de dire et desposer vérité et luy, sur ce enquys, dict bien cougnoystre le dict M. Michel Charryer, à présent aulmousnyer de la dicte aulmousnerye de Brethegon et lequel est aulmousnyer seullement depuis l'an mille cinq cens trente sept ou trente huict, aultrement du temps n'est records.

Dict aussy scavoir bien la cituation de la dicte aulmousnerye laquelle est size et cytuée a un gect de boulle préz son dict logis de Brethegon et laquelle est de bien petit revenu; le scayt parcequ'il a aultrefoys levé led. revenu comme fermyer d'icelle.

Aussy dict, sur ce enquis, qu'il est demourant au villaige de Brethegon vingt ans sont et plus et que auparavant qu'il feust demourant au dict lieu de Brethegon, il y alloit souvent parcequ'il estoyt, dès le dict temps et auparavant longtemps, seigneur du logys onquel de présent faict sa résidence cytué au dict lieu de Brethegon et que dès le dict temps qu'il est seigneur du dict lieu, de longtemps auparavant que le dict Charryer feust aulmosnyer de la dicte aulmousnerye, toutes les ruynes et décadences qui y sont de present estoient advenues et sont advenues du temps que le dict despousant est seigneur du dict logis qu'il a au dict lieu de Brethegon qui sont vingt deux ans a ou plus, et que despuys que le dict Charryer en est aulmousnyer de la dicte aulmousnerye n'y sont advenues aulcunes ruynes ne descadences et encore sont de présent en meilleur estat qu'ilz n'estoyent auparavant que le dict Charryer en feust aulmousnyer.

Aussy dict, sur ce enquis, que le dict Charryer a tousiours esté dès et puys le temps qu'il est aulmousnyer de la dicte aulmousnerye, en procès pour raison des rentes déues à la dicte aulmousnerye, comme encores est de présent tant en la cour de Parlement à Paris que par devant le conservateur des privilèges de l'Université que aussy en requeste suyvant le roy.

Aussy dict, le dict despousant, sur ce enquys, avoyr oy dire dire à feu Me Jehan

Ymbault (1), presbtre, qui décéda, XVII ou XVIII ans a ou envyron, ayant lors de sond. décès cinquante ans ou envyron, et aultres dont à présent n'est mémoyre, eagés lors de leurs dicts décèz de la dicte eage et plus du dict Ymbault, et quy seroient décedéz envyron le dict temps du dict Ymbault, que le fondateur d'icelle aulmousnerye auroit voullu et expressément déclairé qu'il ne voulloyt plus qu'il y eust aulmoúsnerye au moyen des excés, volleryes et larcyns quy se y seroyent commys et encore de présent se y pourroyent faire, attendu qu'elle est cytuée sur le grand chemyn; mais en lieu de y tenir hospital dict avoyr oy dire aus dicts feuz Ymbault et aultres, que celuy quy tiendroyt la dicte aulmousnerye seroyt tenu de faire ung service une foys l'an en la dicte esglize de Brethegon pour et en l'intention du dict fondateur et de ses prédécesseurs.

Dict aussy que la dicte aulmousnerye est en patron lay du seigneur de la Fourest de Luaus.

Et est ce qu'il scayt et depouse a plus rien dict et a signé sa desposition.

René Ouvrard, marchand, demourant on bourc de Brethegon, eagé de cinquante six ans ou envyron, sur ce enquys, depouse par son serment qu'il est natif du dict lieu de Brethegon et y avoyr tousiours demouré depuys le dict temps, fors qu'il a ésté six ou sept ans en service illecque prèz; dict, sur ce enquys, avoyr bon cougnoyssance de M. Michel (Charryer), licencié es loix, à présent aulmosnyer de la dicte aulmosnerye de Brethegon, lequel est depuis l'an cinq cens trente sept ou trente huyct aulmonyer de la dicte aulmosnerye; la cytuation de laquelle il dict bien scavoir et laquelle est cytuée à un gect de boulle ou envyron du logys ou se tient Charles Gallard, tesmoin précédent, et le revenu de laquelle il dict estre de bien petite valleur.

Et que dès le temps que le dict Charryer est aulmosnyer de la dicte aulmosnerye il a ésté tousiours et est en procèz pour rayson des rentes y deues, tant en la Court de Parlement à Paris, pardevant le conservateur des privilèges royaux de l'Université de Poictiers que aux requestes suyvant la court.

Dict aussy, sur ce enquys, bien sçavoyr que les ruynes et descadences quy sont en la dicte aulmosnerye y sont vingt-six ans et plus advenues et ce dès longtemps et auparavant que le dict Charryer fust aulmosnyer de la dicte aulmosnerie et lesquelles ruynes seroient advenues du temps des précédens aulmosnyers de la dicte aulmosnerye et laquelle est beaucoup en meilleur estat de présent et du temps du dict Charryer qu'elle n'estoyent auparavant qu'il fust aulmosnyer d'icelle.

---

(1) Jean Ymbault, curé de Berthegon, a laissé pour 1527-1536 un intéressant livre de recette; des rentes avaient été données à sa cure par noble homme Jacques de Bonchamps, s[r] des Clouseaux, sur sa maison de Desmées par testament du 18 janvier 1517; par Jehan Plumereau, s[r] de la Nyvardière, sur cette maison, suivant testament du 15 août 1413; par Mery de Saint-Jouyn, s[r] des Bellonières (testament du 16 décembre 1508); par noble homme Mery Loubes, s[r] d'Availloles, sur sa maison de la Jouberdrye; par testament du 5 juin 1499, Vincent Dumoustier avait ordonné que ses héritiers fourniraient à l'avenir les cordes pour sonner les cloches de l'église de Berthegon; devaient encore des rentes, Antoine de Vaucelle, s[r] de la Voute, Jacques de Villiers, s[r] de la Fuye de Banday, Charlotte de Saint-Jouyn, dame des Bellonyères, Artus de Saint-Jouyn, s[r] des Galleseryes, Jehan de Sarcie, s[r] de la Tour du Bouchet, René Thibert, s[r] de la Thiberdière.

Dict aussy, sur ce enquys, avoyr oy dire à feu Gilles Ymbault, quy est décédé vingt cinq ans a ou envyron, et lequel avoyt au temps de sond. décèz soixante dix ans ou environ, aussy à feu Mᵉ Jehan Ymbault décédé, XVII ou XVIII ans a et plus, et qui avoyt lors de sond. décèz cinquante ans et plus, et aultres dont à présent n'est mémoyre, que le fondateur d'icelle dicte aulmousnerye avoyt voullu et expressement déclaré qu'il ne voulloyt plus qu'il y eust aulmosnerye, ne logys pour y loger, au moyen des excès, vallerves et larcins et aultres crymes qui se y seroient faictz et commis (1); mais que au lieu de ce il auroyt voullu que l'aulmosnyer d'icelle quy seroyt pour l'advenir fust tenu pour toutes charges à une foys l'an faire ung service en l'église de Brethegon pour l'intencion du dict fondateur, ses parens et amys trespassez, et qu'il n'est mestyer qu'il y aye logys ou habitation, parcequ'elle est sur le grand chemyn loing des maysons et qu'il s'y pourroient commettre plusieurs volleryes et homicides.

Dict aussy, sur ce enquys, que la dicte aulmosnerye est en patron lay en la présentation du seigneur de la Forest de Luans, Et est ce qu'il despouse et a plus rien dict. »

Suit la déposition de « Jehan Aubry, laboureur à bœufz, demourant on bourg de Sezay, paroisse de Savigne-soubz-Faye-la-Vineuse », qui confirme les dires des précédents témoins.

Un second procès fut encore intenté quelques années après à l'aumônier Claude Prinet par le seigneur de la Forêt agissant comme fondateur de l'aumônerie et voulant faire respecter les volontés de Pierre Amant ; un jugement rendu le 1ᵉʳ mars 1563 par François Bourneau, conseiller du roi et lieutenant général civil et criminel à Saumur, donna mainlevée de la saisie que le seigneur de la Forêt avait fait faire des revenus de cette aumônerie « à charge de faire les aumosnes accoustumées et requises » et reconnut que la charge d'hospitalité ne pouvait être imposée à l'aumônier, le revenu de ce bénéfice étant fort peu important : il consistait alors en 118 boisseaux de froment à la mesure de Loudun, 74 boisseaux de froment, mesure de Faye, 7 chapons et 2 poules.

Vincent Rassard prit possession de l'aumônerie le 12 juillet 1632 : « Vincent Rassard, eschollier, estudiant en l'Université de Poitiers, chappelain et aumosnier de Sainct-Mathurin de Brethegon, faict dire et ascavoyr à tous qu'il appert de sa bulle de Rome et du visa de Mgr l'évesque de Poictiers en dabte du 9ᵐᵉ décembre, il a prins et appréhendé la possession réelle et actuelle de la dicte chappelle aumosnerie de Sainct-Mathurin de Brethegon sans opposition et interdict de personne dès le 12ᵉ jour du mois de juillet 1632. »

Leu et publié le contenu ci-dessus au prosne de grand'messe paroichiale par moy dict soubz signé, le dimanche, 24ᵉ jour d'octobre 1632. »

MESCHIN, vicaire de Nostre-Dame de Berthegon. »

---

(1) Ce passage pourrait confirmer ce que nous avancions plus haut : que l'aumônerie existait avant Pierre Amant.

En prenant possession de ce bénéfice, Rassard trouva les bâtiments de l'aumônerie complètement ruinés, tant par les guerres protestantes que par l'incurie des précédents titulaires, et il obtint de l'official la permission de faire célébrer les services, qui lui étaient imposés par le titre de fondation, dans l'église paroissiale de Berthegon, « la chapelle étant tellement tombée en ruines qu'il est malaisé d'y recognoistre les fondements. »

Le 7 décembre 1674, vénérable messire Claude Baband, prêtre, curé de Sauves et aumônier de Berthegon, céda à Charles d'Auvilliers, sieur de Belleville, avocat en Parlement, fondé de procuration et grand vicaire général des commandeurs et chevaliers composant le Conseil de direction de l'ordre de Notre-Dame du Mont-Carmel et de Saint Lazare de Jérusalem, « l'hospital de Saint-Mathurin de la ville de Berthegon, autrement appellé, suivant usaige ordinaire du pays, l'aumosnerie de Berthegon, » moyennant une pension annuelle et viagère de 30 livres ; cette cession fut ratifiée le 26 janvier 1675 par le Conseil de l'ordre. Le domaine de l'aumônerie, considérablement diminué, ne comprenait que 7 septrées de terre, 37 boisseaux de froment de rente, 2 chapons et une poule aussi de rente.

Désunis en 1693 de l'ordre du Mont-Carmel, ces biens furent incorporés en 1700 à la Maison de Charité.

AUMONIERS DE BERTHEGON

Jehan de la TRONCHE, premier aumônier......	1373
Jacques PORTEAU........................	
Michel BRILANCHEAU, bachelier............	1471-1485
André BLANDIN..........................	
BRANCHIER.............................	1509
Jehan PIZON...........................	1513-1514
Joachim BONTEMPS......................	1528-1531
Léon de LUAINS........................	1533
Etienne de SAINT-GERMAIN...............	1538
Michel CHARRYER.......................	1538-1549
Jacques PUTEAU........................	1551
Georges PRINET........................	1555-1556
Claude PRINET.........................	1563
Antoine GALLARD.......................	1566-1579
René BARDAN...........................	1583-1588
Vincent RASSARD (1)....................	1606-1643
Charles FROMAGET......................	1656-1662
Claude BABAULT........................	1674

(1) Il y a eu deux aumôniers de ce nom.

PROCUREURS DES AUMONIERS (1)

René PELISSON, procureur de Jacques PORTEAU
Jacques FAULCON, procureur de BONTEMPS
Jacques le BRETON, procureur de Georges PRINET
Pierre MORICEAU, procureur de Claude PRINET
Jean CHARRYER, procureur de Michel CHARRYER
Jean GOUGEAU, procureur de René BARDAN

AUMONERIE DE CURÇAY

Cette aumônerie, à laquelle était probablement annexée une léproserie, est citée pour la première fois dans l'aveu rendu le 3 janvier 1438 par Guillaume Odart, seigneur de Verrières et de Curçay, au roi de Jérusalem et de Sicile, duc d'Anjou et seigneur de Loudun, pour la terre de Curçay : il avoue « le droit de nommer, donner et conserver personnes souffisantes tels qu'il me plaira à traicter et gouverner les maisons, aumônerie et ladrerie du dit Cursay » (2).

Le 3 février 1456, Jeanne d'Ausseure, veuve de Guillaume Odart, seigneur de Curçay, agissant comme tutrice de son fils mineur, Jacques Odart, présentait à « l'aumosnerie ou Hostel-Dieu du lieu et paroisse Saint-Pierre de Cursay, vacquant par la mort et trespassement de feu messire Maurice Daviau, prestre, naguère dernier aumosnier d'icelle, messire Macé Ribeaudeau, prestre souffisant et ydoine ». Cette présentation fut acceptée le 8 suivant par Denis Guyonnet, sous doyen de l'église de Poitiers, qui conféra à Ribaudeau le bénéfice de l'aumônerie (3).

Ribeaudeau, mort en 1498, fut remplacé, le 11 décembre de cette année, par Gauvyn Bibault, présenté par Louis Odart, seigneur de Curçay et de Maulevrier (4).

Le 9 janvier 1640, en conséquence de la déclaration du roi du 18 juillet 1639 pour l'amortissement des biens ecclésiastiques, Louis George, aumônier de Curçay, fournissait une déclaration des domaines dépendant

(1) Ces deux suites de noms sont données d'après une liste des aumôniers et de leurs procureurs qui a été transcrite sur la couverture d'un registre de recette du XVIe siècle.
(2) *Curçay, son château, ses seigneurs.* Poitiers, Oudin, 1893, p. 37.
(3) *Arch. dép. de la Vienne. Aumônerie de Curçay.*
(4) *Ibid.*

de son bénéfice qui comprenait alors « une petite maison joignant au carrefour de la chappelle de Cursay, au carrefour de la terre du dit lieu et au chemin tendant du dit carrefour de la dite chappelle à aller à la Croix du dit Cursay; quatre journées d'homme de vigne et 62 boisselées de terre »; les rentes avaient été perdues pendant les guerres de religion. « Les charges sont de retirer et couscher les pauvres passants et les administrer en leurs nécessités pour leur vie ».

D'abord unis par lettres du 20 juin 1698 à l'hôpital de Montreuil-Bellay (1) les biens de cette aumônerie furent, deux ans plus tard, attribués à la Maison de Charité de Loudun.

Curçay eut aussi sa part dans les fondations charitables de Madame de Montespan, qui possédait cette baronnie et celle de Moncontour; dans l'hospice qu'elle créa à Oiron, en 1704, pour l'entretien de cent pauvres, elle attribua six places à chacune des paroisses de Curçay et de Moncontour et deux places à chacune des paroisses de Marnes, Vignolles, Saint-Chartres, Saint-Martin d'Ouzilly, Messay, Notre-Dame-d'Or, Glénouze et Montbrillais. Les sénéchaux de Curçay et de Moncontour étaient membres du Conseil d'administration de l'hôpital (2).

AUMONIERS DE CURÇAY

Maurice DAVIAU	1456
Macé RIBAUDEAU	1456-1498
Gauvyn BIBAULT	1498
Louis GEORGE	1640

AUMONERIE DE SAMMARÇOLLES

Il est fait mention de la maison de l'Aumônerie de Sammarçolles dans une déclaration féodale rendue en 1450 à Philbert de Laigne, prieur des commanderies de Loudun et Moulin (3).

Le 13 août 1652, l'aumônier Louis Clément faisait arpenter par Mousnier, notaire royal à Loudun, les domaines dépendant de l'Aumônerie qui comprenaient une maison à deux corps de logis, un clos de

(1) *Arch. Nat.* V6-1168.
(2) *M. de Chergé — Notice historique sur le château, l'église collégiale et l'hospice d'Oiron — (Mémoires de la Société des Antiq. de l'Ouest — 1839 p. 212).*
(3) *Arch. dép. de la Vienne, Commanderie de Loudun.*

vigne, un grand pré, 18 arpents de terre, quelques rentes et « un carrefour proche lad. maison appelé le semetière de l'aumosnerie et sepulchre des pauvres (1) ».

En conséquence de l'édit de décembre 1672 cette aumônerie fut réunie, après procès, à l'ordre de Saint-Lazare et le 2 octobre 1674 le fondé de pouvoir de François Le Tellier, marquis de Louvois, ministre et secrétaire d'état, grand vicaire général de l'ordre, la donnait à bail à Jean Texier, marchand, moyennant six vingts livres par an ; le fermier était tenu d'entretenir « ung gardien pour l'assistance des pauvres de lad. aumosnerie auxquels il fournira de paille pour se coucher à la manière accoustumée (2) » ; le 27 suivant, Louis Clément, curé de Glénouze, ci-devant aumônier de Sammarçolles, remit au même fondé de pouvoir tous les titres de l'aumônerie consistant en 39 pièces et un terrier en parchemin (3).

Cet établissement incorporé en 1700 à la Maison de Charité fut arrenté, huit ans plus tard, à Jean Boursault, sieur de la Tour, maître chirurgien, moyennant 120 livres de rente annuelle et à charge de soigner gratuitement les malades de l'hôpital.

D'après une notice en latin sur le couvent de Notre-Dame du Château de Loudun, *elemosinaria sancti Marcelli, aut Marculphi, Mayrulphi, vulgo Saint-Marsolle*, était à la nomination du prieur de ce couvent (4).

Cette aumônerie était construite à l'endroit qui porte encore ce nom à l'entrée du bourg de Sammarçolles ; les anciens bâtiments ont été détruits il n'y a pas fort longtemps ; en faisant quelques recherches sur leur emplacement nous avons rencontré un quartier de pierre sur lequel était peint un fragment de fresque ; cette peinture relativement bien conservée représente un soldat, vêtu d'une tunique bleue, tenant une lance en arrêt ; la tête et les jambes manquent ; un sabre à poignée de cuivre est suspendu au côté droit par une courroie passée en sautoir ; les manches sont retroussées au-dessus du coude.

AUMONIERS DE SAMMARÇOLLES

CHARLES CLÉMENT	1614
LOUIS TRINCANT (5)	1619
LOUIS CLAUDE	1639
LOUIS CLÉMENT, curé de Glénouze, directeur des Ursulines	1643-1673

---

(1) *Arch. Nat.* S. 4880.
(2) Acte de Confex, notaire, communiqué par Me Gaultier, notaire à Loudun.
(3) Id.
(4) *Bibl. de Poitiers. Dom Fonteneau*, t. LXIV, p. 256.
(5) C'était le fils de notre annaliste Louis Trincant, procureur du roi au bailliage de Loudun.

AUMONERIE DE MONTS

L'aumônerie de Saint-Avertin, à Monts, a été vraisemblablement établie par les seigneurs de cette localité.

Pierre de Brilhac, seigneur de Monts et d'Argy, lui fait un don par son testament du 25 décembre 1475 (1). « Je vieulx et ordonne que la Mayson-Dieu de Mons soit fondée d'une messe qui se dira toutes les sepmaines à perpétuité à tiel jour que je mourray et vieulx que le maistre de la dicte Mayson-Dieu donne le premier fagot de boys aux pauvres qui viendront en la dicte Mayson-Dieu despuys la Toussains jusques à Pasques, excepté que si venoit quelque pauvre femme grosse ou enxeincte en la dicte Mayson-Dieu en quelque temps qu'elle y arriveroit je vieulx que le dict maistre de la dicte Mayson-Dieu lui baille et donne le dict premier fagot. Et pour ce faire je donne au dict maistre de la dicte Mayson-Dieu tout l'héritage que j'ay acquis de Brou et toutes appartenances tenans en ma main et ne vieulx point que homme la tienge et ne se tient en la dicte Mayson-Dieu du dict lieu de Mons, et si se faisoit autrement je vieulx qu'il en soit chacé et debouté ; et aussy je vieulx que celluy qui tiendra la dicte aumosnerie l'entretienge de toutes repparacions nécessaires en la dicte Mayson-Dieu et aussy de litz, linceuilx et couvertures ».

Cette Maison-Dieu eut fort à souffrir des guerres protestantes : elle fut pillée et incendiée par le régiment de Dillon qui se rendait à la bataille de Moncontour ; « le feu se propagea dans toute la rue de Saint-Vincent et parvint jusqu'à l'allée des Ormeaux de Brouville où se trouvent aujourd'hui la cure et la gendarmerie (2) ».

Le 18 septembre 1609, l'évêque de Poitiers, sur la présentation du seigneur de Monts, nommait René Rebize à l'aumônerie de Saint-Avertin *(Elemosinaria Sancti Avertini oppidi de Montz)* en remplacement de Jean Debrou, décédé (3).

Quelque temps après cet aumônier rendait au seigneur de Monts la déclaration suivante :

---

(1) Ce testament, dont une copie ancienne et fort en mauvais état, existe aux *Archives départ. de la Vienne, Aumônerie de Monts,* porte comme date *mil IIII^{c} et XV* ; c'est une erreur évidente du copiste : la seigneurie de Monts possédée par les Odart au commencement du XIVe siècle était encore aux mains de cette famille en 1435 ; d'autre part il résulte des notes que nous avons recueillies sur les seigneurs de Monts que Pierre de Brilhac était mort avant 1486, par suite tout porte à croire que la date que nous indiquons est bien exacte et que le copiste a omis d'inscrire le nombre LX.

(2) *Monts-sur-Guesnes* — Poitiers, Dupré 1877 — broch. 22 pp.

(3) *Arch. dép. de la Vienne — Aumônerie de Monts.*

« C'est la déclaration des choses héritaux que moy, René Rebize, au nom et comme aulmosnier de l'aulmosnerie de Monts, de laquelle présentation et toute disposition appartient à haut et puissant seigneur, monseigneur Martin du Bellay, chevalier des ordres du roy, conseiller en ses conseils d'estat et privé, capitaine de cinquante hommes d'armes de ses ordonnances, prince d'Yvetot, marquis de Thouarçay, baron de Commetière, le Plaissis-Massé, Le Bellay, Benest, Giseux, la Haye Juillet et de Monts, vous rend et baille à cause de votre dicte seigneurie de Monts :

« C'est assçavoir la maison et métairie de l'aulmosnerie de Monts, consistant en chambre basse et un grenier dessus, une grange, deux estables... sis en la ville de Monts, de présent recouvert de tuiles creuses, joignant à la rue tendant de la Vouy de Monts à Saint-Vincent.

« Item près la dicte métairie, à deux cents pas d'icelle, en la mesme rue, deux chambres basses avec grenier dessus, aussi recouvert de thuiles creuses, l'une servant à loger et retirer les pauvres passants et l'autre où se tient la gardienne qui reçoit les dicts pauvres ; et joignant les dictes chambres à une chapelle dédiée à Monsieur Sainct Avertin, à présent recouverte de thuiles creuses après la ruyne et démollition d'icelle faite pendant les guerres civiles (1) ».

Le 30 août 1677, haute et puissante dame Charlotte-Marie de Frezeau, épouse de François de Frezeau, seigneur, marquis de la Frezelière et de Monts, présentait René Aubry « à la chapelle de Saint-Avertin, qualifiée aumosnerie, sise en la paroisse de Saint-Vincent de l'Oratoire » (2).

Après 1700, les Administrateurs de l'hôpital de Loudun, munis des lettres patentes qui les mettaient en possession des biens de toutes les aumôneries du bailliage, réclamèrent le temporel de l'aumônerie de Monts ; là, comme ailleurs, ils se heurtèrent à un refus absolu et intentèrent une instance contre la marquise de Monts. Le 7 novembre 1717, devant le bureau de l'hôpital, se présenta Alexandre de Lonne, commissaire ordinaire de l'artillerie, qui fit observer au nom de la marquise de la Frezelière, dame de Monts, qu'il n'existait pas dans cette localité une aumônerie proprement dite, mais une chapelle dédiée à Saint-Avertin et fondée par un seigneur de Monts ; néanmoins, comme elle ne voulait pas avoir de procès avec les pauvres, elle avait chargé de Lonne d'offrir aux administrateurs de l'hôpital une somme de 300 livres, moyennant quoi ils se désisteraient de leur demande et donneraient mainlevée de la saisie des revenus de cette chapelle.

Les administrateurs, qui savaient parfaitement à quoi s'en tenir sur l'existence de cette aumônerie, préférèrent transiger et abandonnèrent leurs poursuites.

---

(1) *Ibid.*
(2) *Ibid.*

AUMONIERS DE MONTS

Jean DEBROU, décédé en..................	1609
René REBIZE..........................	1609
Jacques de la GARDE, décédé en..........	1677
René AUBRY..........................	1677

⁂

AUMONERIE DE MONCONTOUR

L'aumônerie de Moncontour était placée sous l'invocation de Saint-Thomas de Cantorbery ; sa fondation est donc postérieure à l'année 1173, car c'est à cette époque que Thomas Becquet, archevêque de Cantorbery, assassiné dans son église le 29 décembre 1170, fut mis au nombre des Saints-Martyrs par le pape Alexandre III ; mais elle existait à la fin du siècle suivant : Gauthier de Bruges, évêque de Poitiers, de 1278 à 1306, la cite dans le célèbre pouillé qu'il composa : *Apud Montem Cantoris est elemosinaria que est de putronatu prioris et capellanorum.*

Sans doute, comme dans plusieurs aumôneries, les chapelains étaient nommés par le prieur qui était élu par eux ; plus tard, probablement par suite de l'extinction des chapelains, ce droit de patronage passa aux seigneurs de Moncontour ; cette première organisation explique pourquoi cette aumônerie n'est pas mentionnée dans l'aveu de la baronnie de Moncontour, rendu le 23 janvier 1485, par Jean de Chastillon, seigneur de Moncontour et de Marnes (1) ; ni dans l'aveu, copie presque littérale du précédent, fait le 28 juillet 1521 par Tristan de Chastillon ; seul dans sa déclaration du 8 août 1770, Gabriel-Louis de Neufville, duc de Villeroy et de Retz, reconnait tenir du r.. « nostre aumosnerie de Saint-Thomas en nostre dite ville de Moncontour, chapelle et chapellenie d'icelle dont la présentation nous en appartient à cause de l'ancienne fondation et collation de lad. aumosnerie et chapellenie tenue en franche aumosne et à la charge du service divin. »

En 1648 Jean Darthois, écuyer et maître d'hôtel de la duchesse de Rouanais, agissant au nom de l'aumônier de Moncontour, donnait à bail à Pierre Haye, laboureur, le temporel de l'aumônerie ; le fermier devait loger les pauvres passants et fournir la paille pour leur coucher (2).

Les bâtiments de l'aumônerie étaient situés à l'extrémité méridionale

(1) V. *Journal de Loudun*, du 8 septembre 1889.
(2) *Arch. dép. de la Vienne. — Aumônerie de Moncontour.*

de la ville près du pont de Saint-Thomas ; ils n'offrent rien de remarquable, dit M. Arnault-Poirier ; la porte de la chapelle est ouverte à l'ouest et forme une ogive (1).

Le pouillé de 1648 fait connaître l'existence, à Moncontour, d'une léproserie de fondation seigneuriale et à la présentation de l'évêque elle valait 100 livres de revenu. Nous n'avons rien trouvé de plus sur cet établissement dont les aveux ne font pas mention.

AUMONIERS DE MONCONTOUR

Jacques GABARD..........................	1654
Benjamin LENDORMY......................	1696
Pierre-Gabriel de la VALLÉE.............	1738-1743

⁂

LA MAISON-DIEU DE LOUDUN

En dehors de la léproserie, qui a fait l'objet d'une notice précédente, Loudun possédait autrefois un véritable hôpital, ou comme on disait alors une Maison-Dieu, dont les seigneurs de Verrières (2) se prétendaient fondateurs ; nos recherches ne nous ont pas permis de verifier cette prétention ; comme nous le montrerons plus loin, ils en étaient du moins les bienfaiteurs.

Cet hôpital, désigné sous le nom de Maison-Dieu jusqu'au milieu du XVIe siècle, puis sous celui d'aumônerie, était placé sous le vocable de Saint-Jean. Il était primitivement administré par un prieur et six frères chapelains (3), qui se recrutaient parmi les prêtres libres et étaient nommés par l'évêque de Poitiers (4); presque toujours ils possédaient en même temps des canonicats dans la collégiale de Sainte-

---

(1) *Monum. de l'arrondissement de Loudun.* — *Mém. de la S. des Antiq. de l'Ouest*, 1846, p. 94.

(2) Dans les archives du château de Verrières, mises gracieusement à notre disposition par le propriétaire, M. le Comte d'Oyron, nous n'avons rien trouvé non plus pouvant confirmer cette assertion qui est aussi mentionnée par Trincant.

(3) A Mirebeau, l'aumônerie de Saint-Jean fondée avant l'an 1158 était desservie par un prieur et 6 frères ; le prieur nommait ces derniers et était élupar eux. (*Redet, Dict. top. de la Vienne, Vo Mirebeau*).

(4) Trincant.

Croix (1) ou dans celle de Saint-Léger-du-Château; dans la suite, la perte presque totale des revenus réduisit cette communauté au seul prieur.

La Maison-Dieu formait avec ses domaines un véritable fief relevant du roi en pure aumône et ayant sénéchal, procureur et greffier en titre.

Les bâtiments qui la composaient étaient édifiés en dehors de l'enceinte de la ville sur le bord du grand chemin de Saumur (2), non loin du bourg qui s'était formé autour de l'église de Saint-Nicolas, construite un peu avant 1075; ils devaient à l'origine se trouver, comme cette église et celle de Notre-Dame, depuis Sainte-Croix, dans la paroisse de Véniers (3).

Cette Maison-Dieu comprenait trois parties principales : la maison des pauvres, la chapelle et la maison du prieur.

De la maison des pauvres aucune trace ne subsiste; nous dirons au cours de cette notice ce que nous avons trouvé sur elle.

La chapelle est encore debout; elle présente la forme d'un rectangle orienté de l'est à l'ouest; le mur du nord, le seul ancien, est percé d'une petite porte en plein cintre surbaissé et est surmonté d'un fort cordon de pierre; il est construit en grand appareil et les matériaux qui le composent portent des traces d'incendie. Plusieurs chapellenies y avaient été fondées sous les vocables de Notre-Dame, Sainte-Catherine (4) et Saint-Eustache (5).

De l'habitation du prieur une tourelle hexagonale existe encore; au-dessus de la porte encadrée par des sculptures du style ogival flamboyant, figure un écusson rongé par le temps, qui porte *: écartelé aux 1 et 4 de .... au porc ou sanglier passant; aux 2 et 3 de .... au chef de ....* Ce sont peut-être les armes de la Maison-Dieu ou plûtot celles de la famille Sanglier qui donna trois prieurs à cet établissement, et qui portait d'après l'armorial du bailliage de Loudur (6) : *d'or au sanglier passant de sable, denté et allumé d'argent, au chef d'azur chargé d'un croissant d'or;* le même recueil attribue pour armes au prieuré-aumônerie de Loudun : *d'azur au mouton d'argent tenant une croix de gueules*; nous ne donnons pas ces armoiries comme très authentiques; on sait à quelles fantaisies héraldiques se sont livrés, à la fin du XVIIe siècle, les compilateurs de l'Armorial général de France.

---

(1) Les Chanoines de Sainte-Croix avaient aussi droit d'aumônerie : Dans un accord intervenu l'an 1121 entre ces religieux et les moines de Saint-Florent-les-Saumur, ces derniers reconnaissent que les chanoines ont, entre autres droits, celui de tenir aumônerie et de visiter les pauvres (*Arch. hist. du Poitou,* t. II, p. 29).

(2) Ce quartier porte encore le nom d'*Aumônerie*.

(3) Cf. *Arch. hist. du Poitou*, t. II, p. 25 et suiv.

(4) Le Chapelain de Sainte-Catherine possédait un quart et demi de la dîme Benoit, *alias* dîme de Germier, (*Dumoustier*, 2e partie, p. 90).

(5) Le prieur avait aussi à sa présentation la chapelle de Saint-Jacques desservie dans l'église de Saint-Denis de Douai et celle de Saint-Jacques de la Motte-de-Bourbon desservie dans l'église de Pouançay.

(6) M. *Carré de Busserolles. — Armorial du bailliage de Loudun.* Tours, Suppligeon.

Cette Maison-Dieu fut à l'origine, avons-nous dit, un véritable hôpital, « le plus notable des environs », que diverses causes que nous indiquerons plus loin détournèrent de son but primitif; dans la suite elle devint une simple maison de refuge dans laquelle les vagabonds et passants pouvaient se reposer une nuit.

Pour utiliser d'une façon plus complète les documents que nous avons recueillis, nous grouperons les faits qu'ils constatent sous le nom de chaque prieur.

NICOLAS, PRIEUR DE LA MAISON-DIEU. — Au mois de février 1227, Geoffroy Valins, chanoine de Sainte-Croix de Loudun, donnant à l'église de Notre-Dame de cette ville cinq sous de cens pour la célébration de son anniversaire et assignant cette redevance sur une roche (1) sise en Rollandais (2), fit apposer, au pied de la charte, comme il ne possédait pas de sceau pour authentiquer les actes, celui de Nicolas, prieur de la Maison-Dieu de Loudun ; voici cette courte pièce :

Universis Xristi fidelibus presentibus et futuris presentes litteras inspecturis Gaufridus Valins, canonicus sancte Crucis de Laudunio, salutem imperpetuum.

Noscat universitas vestra quod ego, amore Dei et meorum remissione peccaminum dedi et concessi ecclesie Beate Marie de Laudunio quinque solidos censuales, pro meo anniversario in ipsa ecclesia post decessum meum annuatim sollempniter frequentando. Et assignavi dictos quinque solidos censuales super quamdam rocham meam sitam in Rollandesio quam Niortella de me tenebat, de quibus medietas debet reddi annuatim in annuntiatione Beate Marie et altera medietas debet reddi in festo Beati Michaelis. Et ut ista mea donatio atque concessio perpetua gaudeat firmitate, cum sigillum non habemus autenticum, dominus N., prior domus helemosinarie de Lauduno, ad majorem certificationem presentibus litteris pro me sigilli sui robur apposuit et munivit.

Datum anno gracie M° CC° XX° septimo, mense februario (3).

GUILLAUME CHEVALLON fonda avant la fin du XIV° siècle, dans la paroisse de Craon, une chapellenie qui devait à la Maison-Dieu une rente de 3 setiers 6 boisseaux de froment. L'hôtel de la Loge, la *gaignerie* (4) avec les vignes, prés et bois en dépendant avaient été donnés à cette chapellenie en échange d'une rente de 10 setiers de froment qui grevait le moulin de Niré.

PIERRE ROGIER n'est connu que par la mention suivante qui se trouve dans le registre de recette de 1410 : « La femme et les hoirs feu Jehan Rogier, c'est asscavoir Babeau la Rogière, sa femme, Gillette, sa fille, femme de Guillaume Chausson, pour feu messire Pierre Rogier, jadis prieur de l'Aumosnerie. »

---

(1) Habitation en cave.

(2) M. Gilles de la Tourette, dans *le Royaume du roy d'Yvetot à Loudun*, p. 12, (Loudun, Aglomain, s. d.), prétend que la rue du Relandais tire son nom des *Irlandais* qui l'habitaient jadis; la pièce que nous publions montre que cette étymologie est inexacte.

(3) *Arch. dép. de la Vienne*, D 3. — M. Alfred Richard, archiviste de la Vienne, a bien voulu revoir la copie que nous avions prise de cette pièce.

(4) Métairie.

JEHAN PANISTON, prieur et aumonier de Loudun, est cité avant le suivant dans l'aveu de 1547 dont nous parlons ci-après (1).

C'est peut-être sous l'un de ces prieurs qu'un accord fut passé, le 29 juillet 1373, entre le procureur du duc d'Anjou, seigneur de Loudun, et le prieur et frères de l'aumônerie au sujet de la finance dûe pour une rente de 17 setiers de blé appartenant à l'aumônerie ; les parties s'en remirent à l'arbitrage de l'assesseur d'Anjou et du Maine (2).

PIERRE GUIOT, Prieur de la Maison-Dieu, Chanoine de l'Église collégiale de Sainte-Croix et de Saint-Léger du Chateau, nous est mieux connu que ses prédécesseurs ; il était pourvu de la Maison-Dieu dès l'an 1393. De son administration, il a laissé deux registres de recette des rentes dües à la Maison-Dieu, l'un pour 1402, l'autre pour 1410 ; le premier fort bien conservé est en papier et contient, outre les rentes dûes à l'aumônerie, les « rentes des quatre prouvendes de Saint-Légier du chastel de Lodun ; » les « rentes deues à messire Pierre Guiot à cause de sa prouvende de Sainte-Croix » et « rentes deues à Mre Pierre Guiot en son propre et prime nom » ; plus diverses notes.

Pour cette année 1402 les recettes faites pour le compte du prieur et des frères, par Giroire, prêtre et receveur de la Maison-Dieu, se décomposent ainsi :

Rentes	de deniers	684 sols 9 deniers
»	de froment	2371 boisseaux
»	de seigle	293 b.
»	de bailliarge	15 b. 1/2
»	d'avoine	27 b.
»	de fèves	21 b.
»	de chapons	48 chapons 1/2
»	de gelines	4 gelines

Revenu considérable pour l'époque qui permettait de recevoir de nombreux pauvres et malades.

Le second registre, sur parchemin, ne comprend plus qu'un petit nombre de feuillets ; tous deux, renfermant un nombre considérable de noms de personnes et de lieux, sont fort intéressants à consulter pour l'histoire de ce temps.

Par acte passé en la cour de l'archiprêtre de Loudun, le 12 octobre 1402, Vincent Bougreau, reconnut devoir à « Pierre Guiot, prieur de la Maison-Dieu de Loudun, la somme de quatre escuz d'or et ce pour cause des réparations de quoy il estoit tenuz affaire en la chapelle de Saint-Jacques qui est en nostre doue (?) »

Le jour de Saint-Hilaire 1406, Pierre Guiot paya à Jehan Bissonneau, paroissien de Saint-Pierre du Martray, « la somme de cinquante et deux

---

(1) Il pourrait bien être le même que Jehan Saincton, vivant en 1466, dont nous parlons ci-après, et qui n'est pas cité dans cette liste de prieurs.

(2) *Arch. Nat.* Xic - 27. — Ce document nous a été signalé par M. Le Grand, archiviste aux Archives Nationales.

soulz pour vingt et six journées qu'il ha esté amassonné le grant arceau davant l'autel de Saint-Léger ».

Bissonneau avait en outre « baillé un cent de pierre pour faire la massonnerie à l'arceau desusdi, sur quoy y avoit troys quarterons de quonis (?) et vingt et cinq d'oubuis, lesquels il a vendu X soulz V deniers et cinq soulz pour esbecher la dite pierre ; » Micheau Blanchard qui l'avait aidé pendant 28 jours reçut 56 sous (1).

Pierre Guiot parait avoir occupé en Loudunais une certaine situation : le 29 septembre 1407, Jehan Odart, seigneur de Monts-sur-Guesnes, faisant son testament devant Nicaise Le Musnier et Nicolas Porteclef, notaires au Chatelet, le mettait au nombre de ses exécuteurs testamentaires (2) ; deux ans après, Guillaume Odart, seigneur de Verrières et Véniers, parent du précédent, ratifiait au profit de notre prieur et des frères de la Maison-Dieu le don des droits d'indemnité, amortissement, ventes et honneurs qui leur avait été fait précédemment par son père Aimeri Odart (3) :

Sachent tous presans et advenir que en la Cour du roy de Ierusalem et de Sicile, à Loudun, en droit, par davant nous fut present et personnellement establi noble homme Guillaume Odart, escuyer, seigneur de Verrières et Veniers, lequel cogneut et confesse de son bon gré et de sa bonne volonté, sans aucun pourforcement, que comme feu noble homme messire Emmery Odart, chevalier, seigneur des dits lieux de Verrières et Véniers, père du dit Guillaume Odart, eus jà piéça (4) davant donné et octroyé au prieur et frères de la Maison-Di[illegible] de Loudun tous et chascuns les amortissements, indempnités, ventes et honneurs (5) en quoy le dit prieur et frères luy puissent estre tenus pour le temps qu'il vivoit ; et aujourd'hui le dit Guillaume Odart a loué approuvé, ratifié et confirmé et encore par la teneur de ces présentes loue, approuve, ratifie et confirme pour luy ses hoirs et ayants causes de luy la dite donnaison en tous et par tous poincts et articles et en a quitté et quitte le dit prieur et frères, leurs successeurs et autres ayant causes d'eux, sans que jamais il leur en puisse aucune chose demander tout le temps passé jusque aujourd'huy.

Et en outre comme il fut ainsi que le dit escuyer teint en procès en sa cour Jehan Charliègue l'aisné et Pierre Charliègues, son fils, en demande d'une pièce de terre en laquelle est à présent la tieblerie (6) audit Charliègues et le surplus est planté en

---

(1) Ces deux documents, que nous avons relevés sur la couverture du registre de 1402, nous donnent, pour le commencement du XVe siècle, le prix de la journée d'un maçon : 2 sous.

En 1483, ce prix paraît avoir diminué ; dans le *compte de dépenses du prieuré de Notre-Dame-du-Château de Loudun* (1483-1484) que nous avons donné dans le *Journal de Loudun* du 18 juin 1894, il n'est plus que d'un sou et demi.

(2) Nous avons publié ce testament dans le *Journal de Loudun* du 2 septembre 1894.

(3) Aimar ou Aimeri Odart, seigneur de Verrières, Véniers et Rochemeau, vivait encore en 1399 ayant eu de son mariage avec Jeanne de Curçay : 1° François, écuyer de Jean de Berry ; 2° Jean, seigneur de Chandoiseau, tué par les Anglais en 1413 ; 3° Guillaume Odart, seigneur de Verrières, Véniers, Rochemeau, Sammarçolles, Curçay, chambellan du duc de Berry, puis du roi René d'Anjou, mort en 1445.

(4) Pour pièce y a, c'est-à-dire il y a espace de temps.

(5) On appelait amortissement le droit que payaient les gens de main morte pour posséder une propriété immobilière ; les indemnités, ventes et honneurs étaient dûs aux seigneurs à l'occasion des mutations de fief.

(6) Tuilerie, du vieux mot *tieble*, tuile.

vigne, laquelle les dits prieur et frères avoient jà pieça baillée au dit Charliègue à certaines rantes et aujourd'huy le dit escuyer a voulu et veult et s'est consenti pour luy ses hoirs et ayants causes que le dit Charliègue soit mis hors de cour et de tout procès de la dite demande; réservé au dit escuyer que s'il estoit trouvé par lettres ou par tesmoins que ce fust l'héritage de Verrières ou de Véniers et non l'héritage des dits prieurs et frères, le dit escuyer et ses hoirs et ayant cause comme de luy en pourront demander leur droit au dit Charliègues toutes fois et quant il leur playra...

Ce fut fait, donné et scellé du scel estably et duquel l'on use aux contracts du dict lieu de Loudun, présans à ce, tesmoins appellés, messire Olivier le Barbier, presbtre et Charles Haimon, le dis neufiesme de mars l'an de grâce mil quatre cens et neuf. (Signé) Calon ».

L'original sur parchemin scellé de cire noire portait au dos : donation des indempnités et ventes à honorable homme le prieur et frères de l'aumônerie de Loudun par Guillaume Odart, sieur de Verrières (1).

Pierre Guiot, vivait encore en 1423.

JEHAN GRABOT, PRIEUR DE LA MAISON-DIEU, obtenait, le 24 juillet 1430, un arrêt du parlement, séant alors à Poitiers, donnant mainlevée provisoire de la saisie du temporel de l'aumônerie : le roi avait accordé à l'évêque de Poitiers et aux frères de cet établissement des lettres patentes portant injonction à Elie Migrand de rendre compte de l'administration qu'il avait eue des biens de la Maison-Dieu et de faire les réparations nécessaires : Migrand s'étant opposé à cette mise en demeure, un sergent, Etienne Rabaut, l'ajourna en Parlement et mit « la main du roi » sur le temporel de l'aumônerie ; Grabot récemment pourvu de bénéfice par le pape demanda et obtint mainlevée provisoire (2).

Jehan Grabot soutenait encore un procès en parlement en 1433-1434 ; accusé du crime de faux, il fut même incarcéré pendant quelques jours (3).

Le procès s'était engagé au sujet du payement d'une rente de 17 setiers de froment due à la chapelle que tenait Pierre Saget, sur un moulin dépendant de l'aumônerie. Portée d'abord par Saget devant le juge de Chinon, cette instance fut évoquée à la requête de Grabot, comme écolier à Poitiers, devant le lieutenant du sénéchal du Poitou conservateur des privilèges royaux de l'Université : parmi les pièces produites celui-ci trouva « unes lettres de l'an IIII^xx et XIII parlant ou nom des frères de l'aumosnerie et comme en chappitre général de la descharge des XVII setiers sur ledit moulin pour autre chose baillée en lieu ». Cette pièce parue fausse au juge qui ordonna la comparution personnelle des parties. Saget s'étant seul présenté, le conservateur donna à un sergent un decret de prise de corps contre Grabot ; le sergent se rendit à Loudun, trouva l'aumônier au château et l'arrêta, mais il ne put l'amener immédiatement à Poitiers à cause du danger des chemins. Enfin, conduit

(1) *Arch. dép. de la Vienne*, D. 134.
(2) *Arch. Nat.* X1a 9196 f° 16 v°
(3) M. Le Grand, archiviste aux Archives Nationales et M. Laurain, archiviste paléographe, qui ont bien voulu, le premier nous indiquer ce curieux procès, le second, nous l'analyser, trouveront ici l'expression de nos très vifs remerciements.

devant le conservateur, Grabot fut condamné et fit sur le champ appel en Parlement siégeant encore à Poitiers ; le 9 février 1433 il plaidait devant cette juridiction : son avocat déclare que sa partie « a bien administré l'aumosnerie et gardé les droitz d'icelle dont aucuns n'ont esté pas contens, mais ont conçeu haine contre lui et entre les autres led. Saget » ; il dit que quand Grabot fut mandé devant le conservateur, il « estoit malade au lit *usque ad mortem exclusive* et se envoya exoiner » ; plus tard le juge qui était « son haineux pour certain procès dont le dit Grabot avoit appelé de lui » l'envoya quérir de nouveau ; il se présenta, quoique encore fort malade et « estoit si aggravé qu'il ne povoit parler » ; néanmoins le sergent, Jehan Le Loup, l'arrêta et le mit en prison « qui n'a que six piez en quarré » sur une commission du conservateur dont il appela. « Par III jours le sergent ne lui souffry donner que mengier ne que boire et fut détenu en lad. prison XVIII jours et si fut son clerc arresté on chastel de Lodun et furent pris et arrestéz ses biens (1) ». Le 11 février 1434, l'avocat du sergent et du procureur du roi réplique pour soutenir l'accusation : « dit que icesle aumosnerie est très notable fondée de IIII^c à V^c livres de rente en laquelle a collège de frères et a l'aumosnier la collation d'aucune chapelle... ; que en icelle affluent moult de povres... ; que la chapelle de Saget fut fondée de XXIIII sextiers de blé de rente, c'est assavoir de dix-sept sur le moulin, le résidu sur autres héritages ». Il accuse Grabot d'avoir « donné les bénéfices estans à la collacion de l'aumosnier à gens de guerre et y avoit (en le conduisant à Poitiers) gens d'armes sur les chemins et quant fut près de Blalay (2) comme il s'enfist estre on cymentière il cria franchise, mais le sergent fist venir les paroissiens qui tesmoignèrent que ce n'estoit cymentière (3) ... dit que du temps de la date de la lettre suspecte et environ se trouvent lettres de l'aumosnerie très bien et congruement faictes, mais la lettre dessusd. contient faulx latin et se treuve que les tesmoins ou presens escripz en icelle estoient les aucuns à Paris et environ et y a des frères dedans nommez comme presens qui dient que point n'y furent ; dit que l'an IIII^c II ou IIII^c III le seel de l'aumosnerie perdu en fut un autre refait ou fut mis différence et avoit esté acoustumé de seel et de contre seel mettre tout à une queue et en la lettre suspecte le seel est à une queue et le contreseel à une autre queue (4) ; dit que les lettres de ce temps se treuvent bien escriptes et continuées et la suspecte est autrement et de diverses

---

(1) *Arch. Nat.* X1a 9200 f° 201 v°.

(2) Canton de Neuville.

(3) Grabot pour échapper à ses gardiens voulut recourir au droit d'asile qui était encore en usage : on sait qu'en vertu de ce droit, qui remonte à l'empire romain, tout criminel, qui se refugiait dans une église ou lieu consacré, était à l'abri des poursuites de la justice. Restreint au XIVe siècle par plusieurs ordonnances, le droit d'asile fut aboli en 1539 par François Ier.

(4) Les sceaux, d'abord apposés sur l'acte, furent à partir du XIIe siècle suspendus par des bandelettes de parchemin appelées *queues* : par « scel et contre scel à une queue » on entend deux empreintes fixées de chaque côté d'une même bandelette ; à l'acte incriminé, était appendues deux queues, l'une portant le scel, l'autre le contre-scel.

lettres ». Et quant à ce que l'aumônier se dit être de bon gouvernement « on dit bien le contraire et qu'il est besoin d'y pourveoir et mesmement qu'il est en appel des gens de la royne de Sicile qui y ont voulu pourveoir pour ce que tout va à ruyne, met chapellains dehors ; dit que il a laissié et laisse Beaurepaire (1) et autres lieux aler à ruines ; dit que au roy appartient pourveoir *xenodochiis et de re publica agitur*... ; et diviser les revenues en trois parties, l'une au service divin, l'autre aux alimens et l'autre aux réparations ; dit que il y a faulte aux alimens et qu'il i a eu inconvénient d'un enfant mort *ob defectum alimentorum*, si comme on dit ; toutesvoies est l'aumosnerie réputée la plus notable des environs (2) ».

Le 15 février suivant, le défenseur de Grabot répond à ces accusations « que l'aumosnerie n'a que deux cens livres de revenue ; elle n'a que XXX livres de revenue en deniers et environ sept vins sextiers de bled et ne vault le lieu de Beaurepaire que six sextiers de revenue et est tout le plus de l'aumosnerie en labourages qui ne se pevent labourer ni revenir comme en temps de paix et si y a bien LXX sextiers de bled et cent sols en deniers de charge..... ; dit que la première année qu'il fu aumosnier trespassa l'un des frères nommé Hanapier, en l'arche duquel il trouva plusieurs lettres pourries les aucunes et toutes en grant desordonnance, dont les aucunes il fist mettre à point et y trouva un statut ou forme de statut onquel estoit contenus sur la charge du moulin qui estoit XVII sextiers à la chapelle et VIII à l'ausmone, pour laquelle charge le moulin tournait à ruines. Les prieur et frères de l'aumosne avoient advisié que des dix sept sextiers envers la chapelle, le moulin seroit deschargié, en recompensant la chapelle du lieu de la Loge qui estoit de plus grand valeur et que ainsi fut passé par le chappitre ; dit qu'il fist mettre led. statut au net par un clerc et à ce appella les frères, c'est assavoir Colas Jugeon et Olivier Barbier et dit que ce fut environ II ou III mois après qu'il fust aumosnier et avant quelque mencion du procès de Saget. Et quant à ce que dit partie des scels et n'a pas dit que ne soient des seaulx de l'aumosnerie et sont le scel et contre scel chacun à part ; dit que prieur et frères pevent sceller leurs lettres là où ils se lient et nul autre et se ne sont signées, ce n'empesche le scellé, ne on a accoustume de les signer ; et s'il y a faulx latin, il tient à qui l'a escripte ; de l'escripture s'elle est fresche n'y a longtemps que ce fu refait ; dit qu'il n'y a rien de sa main ; interrogé par qui il fist rescripre le statu ; respond que ce fut par Michau Busson ».

Grabot se plaint ensuite des mauvais traitements que lui infligèrent le sergent et son compagnon Le Bourguignon qui « à Mirebeau le cuida férir de la dague, mais le cop chey on mur d'une chemynée » ; s'il cria au cimetière de Blaslay, ce fut pour se faire delier, car il était attaché très durement.

« De Beaurepaire, continue-t-il ; il y a respondu et ne souloit rendre deux sextiers et quant est de une autre maison que maintenant lui a

(1) Commune de Véniers.
(2) *Arch. Nat.* X1a 9208 f° 202 r°.

ésté remansue les gens d'armes y mirent le feu. Et quant est d'un enfant qui mourut, dit que icelui fut trouvé et apporté à l'aumosnerie, le fist baignier et crestienner et bailler à nourrice ; cinq jours après il mourut, mais ne fut pas sa faute ».

Après la défense de Grabot, Barbin pour le procureur du roi dit « que la lettre dont est question, parle de date de l'an IIII^{xx} et XIII et y est nommé Pierre Guiot et ne dit point que ce soit extraict et soirement l'a faict escripre Grabot par celui qu'il a dit jusques à ce mot *presentibus ;* ce que est après est d'autre lettre *et re ipsa apparet falsitas* et tesmoins en desposent » ; Grabot prétend que c'est un extrait, tandis qu'elle est faite en forme d'original. Enfin il requiert les juges de remplacer Grabot qui administre mal et laisse tomber les édifices en ruine ; l'affaire fut alors portée au Conseil (1). L'arrêt qui intervint n'a pu être retrouvé et la suite de la procédure nous est inconnue.

Le 10 mai 1434, Grabot était encore en procès contre Jehan Breton, prêtre (2).

En 1440 un prieur de l'aumônerie, dont le nom n'est pas indiqué, était en difficulté avec les religieux de Notre-Dame du chateau de Loudun, au sujet d'une rente de « quatre septiers mine de froment payable à ces derniers à la fête de Saint Michel. C'est asscavoir trois septiers et le cens pour raison de la Maison-Dieu et trois mines pour raison d'une pièce de terre séant devant la ditte Maison-Dieu, le chemin entre deux ; et disoient iceux prieur et couvent du chastel que les dicts prieur et frères de la Maison-Dieu en avoient cessé de payement de plusieurs termes ; les dits prieur et frères dessus dits disoient qu'il estoit bien vrai qu'ils estoient seulement tenus ausdits prieur et couvent à la somme de trois septiers froment de rente, mais qu'ils ne croyoient point leur estre tenus en la ditte somme de trois mines de froment de rente attendu qu'ils n'en trouvoient aucuns enseignemens dans leurs cartulaires (3) ». Enfin après « plusieurs altercations et paroles » les parties convinrent de soumettre leur différend à deux arbitres et choisirent Jehan Bouloiseau, de Sammarçolles et Jehan Butin, du Martray, prêtres curés : ceux-ci se réunirent en présence des plaideurs, le dimanche d'après la Saint Martin 1440, dans la grande salle du prieuré de Notre-Dame du Château et, après avoir entendu les dires de chacune des parties, condamnèrent la Maison-Dieu (4).

En 1466, JEHAN SAINCTON, AUMONIER ET PRIEUR DE LA MAISON-DIEU, plaidait avec l'abbaye de Marmoutiers au sujet d'un droit de dîme dû sur une pièce de terre dépendant du prieuré de Triou (5).

---

(1) *Arch. Nat.* X^{1a} 9200 f° 204 v°.
(2) *Ibid.* X^{1a} 9200 f° 232 r°.
(3) Nous n'avons pas trouvé ailleurs mention d'un cartulaire de la Maison-Dieu ; peut-être ici ce mot n'est-il pas pris dans son sens habituel de recueil de chartes ; en tous cas nous signalerons dans le *Catalogue général des Documents Français qui se trouvent en Angleterre*, par M. Delpit, l'indication d'un cartulaire Loudunais du XIIIe siècle qui fait partie de la bibliothèque de sir Thomas Philipps, à Middehill.
(4) *Arch. dép. de la Vienne.* — D. 134.
(5) *Id.* — *Prieuré de Triou.*

JEHAN SANGLIER, paraît lui avoir succédé; nous n'avons rien trouvé se rapportant à son administration; il figure seulement dans la liste des prieurs et devait vivre à la fin du XVe siècle; il appartenait à une puissante famille établie en Loudunais, vers 1430, par le mariage de Jean Sanglier, seigneur d'Exoudun, avec Isabeau de Coué, fille du seigneur du Bois-Rogues; leur fils Joachim Sanglier, seigneur du Bois-Rogues, fut, en 1463, député de la noblesse du Loudunais aux Etats-Généraux, tenus à Tours.

PIERRE SANGLIER, PRIEUR DE L'AUMONERIE, CHANOINE DE SAINTE-CROIX DE LOUDUN ET DE SAINT-GEORGES DE FAYE-LA-VINEUSE, CURÉ DE ROSSAY, était en appel le 1er décembre 1519, en Parlement, d'une sentence de mainlevée rendue contre lui par le conservateur des privilèges royaux de l'Université de Poitiers, à la requête de François Hérault (1).

« En l'an 1521, dit Bouchet, furent trouvées plusieurs nouvelles inventions pour avoir argent, tant des gens d'églises que de justice et au commancement de l'an 1522 furent expédiées lettres patentes à Lyon, pour recevoir les gens d'églises à composer des finances et indamnitéz de leurs domaines et temporel non admortis (2) et d'en bailler quittance de tout le temps passé (3) ». Les commissaires chargés de taxer les ecclésiastiques des diocèses de Poitiers, Luçon et Maillezais furent Geoffroy d'Estissac (4), évèque de Maillezais, et Aimard Gouffier de Boisy (5), abbé de Saint-Denis, qui fixèrent la part de la Maison-Dieu à 40 livres; cette somme fut payée, le 16 août 1522, par Pierre Sanglier à Jean Jaurin, receveur ordinaire du roi en la comté et sénéchaussée de Poitou.

Le 12 juin 1525, Pierre Sanglier se présentait devant Guillaume Conseil, roi et maître des merciers de Touraine (6), Anjou et Loudunois,

---

(1) *Arch. Nat.* X1a 4865 f° 58 v° n° 87.
(2) Sur ces droits d'amortissement; voyez plus haut, p. 27.
(3) *Bouchet — Annales d'Aquitaine*, p. 371, édit. de 1644.
(4) Geoffroy d'Estissac fut un des protecteurs de Rabelais; les lettres que ce dernier lui adressait ont été publiées par MM. de Sainte-Marthe avec des observations historiques: *Les Lettres de François Rabelais escrites pendant son voyage en Italie*, Paris, 1710.
(5) L'acte porte Dynard de Voisy, par une erreur du copiste: Aimard Gouffier, dit de Boisy, abbé de Saint-Jouin et de Saint-Denis, prit possession de cette dernière abbaye le 30 mai 1517; il mourut le 9 octobre 1528 et fut inhumé à Saint-Jouin. (*Gallia christiana*, édit. de 1744, t. VII, col. 400).
(6) M. Arnault-Poirier qui a cité cette pièce (*apud Mon. de l'arr. de Loudun*, p. 171), avait lu: Guillaume, conseiller du roi et maître des merciers. Les merciers de France étaient réunis autrefois en corporation sous l'autorité d'un roi qui délivrait les brevets d'apprentissage, les lettres de maîtrise et surveillait la qualité des marchandises. « Cette royauté, dit M. Louandre, était un véritable fief *sine gleba*, emportant des redevances utiles et honorifiques; le roi des merciers ne tenait pas seulement dans sa mouvance les gens de son état, mais la noblesse elle-même, et tout feudataire qui concédait un droit de foire ou de marché lui devait un bœuf, une vache ou une fournée de pain ». A Paris, cette institution remontait, prétendait-on, à Charlemagne; elle fut supprimée en 1544, rétablie l'année suivante et ne disparut définitivement qu'en 1597.
Le roi des merciers de Paris avait en province des lieutenants qui prenaient ce même titre et réunissaient sous eux les merciers de plusieurs régions. Ainsi l'Anjou,

et lui remontrait qu'en sa qualité d'aumônier de Loudun, il avait droit de prélever sur les marchandises amenées à la foire de Saint-Bernarbé (1) un impôt possédé par l'aumônerie depuis un temps immémorial, mais que ses prédécesseurs avaient négligé de percevoir ; il apportait à l'appui de son dire un vieux livre en parchemin où étaient consignés les droits dûs et demandait une nouvelle reconnaissance de ceux-ci pour obliger les marchands à les acquitter. Le roi des merciers fit assembler les compagnons merciers et autres marchands qui se trouvaient alors à cette foire, les interrogea et reconnut le bien fondé des prétentions de Pierre Sanglier qu'il réintégra dans ses droits, faisant « crier à son de trompe et cri public que la dicte foire était réabilitée, reconnue et mise sus ; » puis il lui délivra des lettres où étaient constatés les devoirs à la charge des divers marchands et où il était enjoint de les payer sous peine de 7 sols 6 deniers d'amende.

Le mercier qui étalait devait 2 deniers ; le mégicier ou boursier (2), 2 deniers obole ; le drapier ou chaussetier (3), 12 deniers, le cordonnier, 4 deniers ; le verrier, un vase plein de vin ; le tanneur, 6 deniers ; le coutelier, un couteau ; le ferron (4) ou vendeur d'armes blanches, le pintier (5), poislier, bastier (6), sellier, pelletier (7), esperonnier (8), menuisier, potier de fer, chacun 4 deniers. Il percevait encore 2 deniers par charge de fruits ou d'oignons, 4 deniers par étal de grilles, tamis, seiglers, pelles et autres bois tournés ; 4 deniers par charretée de bois carré, scié, merrains, cercles ; un denier par charretée de bois de chauffage ; un denier pour chaque paire de jougs à bœufs, 4 deniers par paire de roues ferrées, 2 deniers par paire de roues fustines ; 4 deniers par charge de pain blanc, 2 deniers par charge de pain noir ; 1 denier par âne, 2 deniers par cheval, 6 deniers par douzaine de moutons, 1 denier par porc, pareille somme pour les bêtes à cornes.

L'huile, le vin, la laine, le poissons frais, les poissons secs comme harengs, parerie, la graisse, le beurre, le fromage étaient aussi soumis aux droits. Les cordiers échappaient à ces taxes, mais ils étaient tenus de fournir de cordes l'exécuteur des hautes œuvres.

L'aumônerie possédait dans la paroisse d'Assay (9) la tierce partie de la dîme de Sezay ou de la Chapelle Blanche dont les deux autres tiers appartenaient au prieur-curé d'Assay. Au sujet du partage de cette dîme une contestation s'éleva entre Pierre Sanglier et « noble et allégresse personne frère Mathieu Girard, prieur-curé d'Assay » qui

---

la Touraine et le Loudunais étaient soumis à l'autorité d'un même roi. (Cf. *Monteil, Hist. de l'Industrie Française*, introduction par *Ch. Louandre* et *Cheruel, Dict. des Institutions*, V° mercier).

(1) Le 11 juin ; cette foire existe encore, mais a été remise au mardi après le 11 juin.
(2) Ils fabriquaient les bourses et autres ouvrages en peau.
(3) Faiseur de chausses, sortes de pantalons courts.
(4) Marchands ou fabricants d'ouvrages en fer.
(5) Fabricant de pintes et ouvrages en étain.
(6) Faiseur de bats et de selles.
(7) Fourreur.
(8) Fabricant de mors, brides, éperons.
(9) Indre-et-Loire, anciennement du Loudunais.

refusait de délivrer à l'aumônier le tiers des fruits perçus par les décimateurs, sous le prétexte que celui-ci ne lui avait pas payé les arrérages d'une rente due à sa cure ; pour mettre un terme à ces difficultés un accord fut conclu à Moncontour le 13 octobre 1533 en présence de Gilles Sanglier, seigneur du Bois-Rogues et de Thibault Favereau, seigneur des Bournais (1).

A la fin du XVe siècle les établissements hospitaliers étaient plongés dans le plus profond désarroi ; leurs dotations avaient été perdues pendant les guerres ou les bénéficiers les avaient usurpées et confondues avec leur propre patrimoine, de telle sorte que l'hospitalité n'était plus observée dans la plupart des aumôneries. Louis XI chercha un des premiers à remédier à ces abus; mais c'est surtout à François Ier qu'est due la réorganisation de ces établissements (2); par son édit du 19 décembre 1543 il attribue aux baillis et sénéchaux la surveillance des hôpitaux avec faculté de remplacer les administrateurs : « nous avons été averti, dit-il, que les administrateurs délaissent les édifices en ruines et décadences, chassent les pauvres malades ou leur font tel et si mauvais traitement qu'ils sont contraints d'abandonner le lieu et se rendre mendiants par les villes et les villages, qu'ils font des aliénations de revenus et de biens à leurs parents et amis ». Il ordonne aux baillis de faire un état du nombre des malades et de désigner dans chaque ville deux bourgeois qui rempliront les charges d'administrateurs. Un autre édit du 15 janvier 1545 enjoint à ceux-ci de rendre compte dans le délai de

---

(1) Au commencement de ce siècle, l'acte en parchemin qui constate cette transaction, a été employé à la reliure du registre des délibérations de l'hospice pour l'année 1816.

(2) Il nous a paru intéressant d'énumérer ici, d'après le *Recueil général des anciennes Lois Françaises*, les principaux édits et ordonnances rendus par l'ancien régime en matière d'hospitalité :

1542 (20 mai). Réglement pour la nomination des administrateurs d'hôpitaux, Maisons-Dieu et autres lieux pitoyables. — 1543 (15 décembre). Edit attribuant aux baillis la surveillance des hôpitaux. — 1545 (15 janvier). Edit sur l'administration des hôpitaux et les comptes à rendre par les administrateurs. — 1546 (20 juin. Déclaration pour la réforme des hôpitaux. — 1546 (26 février). Edit qui enjoint aux baillis et autres juges d'établir dans les hôpitaux de leur ressort des commissaires administrateurs et qui leur attribue la connaissance des procès en cette nature. — 1553 (12 février). Edit qui règle l'emploi des revenus des hôpitaux. — 1560 (25 juillet). Edit sur l'administration des hôpitaux, Maisons-Dieu, aumôneries, maladreries et autres lieux pitoyables. — 1561 (avril). Edit sur le même sujet. — 1566 (février). L'ordonnance de Moulins statue sur la responsabilité des administrateurs des hôpitaux, (art. 73). — 1577 (20 janvier). Déclaration pour la reddition des comptes des hôpitaux et maladreries. — 1579 (mai). Disposition sur l'administration du revenu des ecclésiastiques, (art. 65 et 66 de l'ordonnance). — 1580 (février). Edit confirmant aux ecclésiastiques le droit de pourvoir à l'administration des hôpitaux, quand ils tiennent ce droit de fondation. — 1587 (8 mars). Déclaration sur les hôpitaux. — 1593 (8 février). Déclaration sur l'établissement des administrateurs des hôpitaux.

1606 (juin). Edit sur l'administration des hôpitaux et autres lieux charitables. — 1629 (juin). Ordonnance contenant des dispositions sur les hôpitaux. — 1662 (juin). Edit portant qu'il sera établi un hôpital dans chaque ville ou bourg du royaume pour les pauvres malades, mendiants et invalides et les orphelins. — 1698 (12 décembre). Réglement sur l'administration des hôpitaux.

1780 (23 mars). Disposition sur l'admission des pauvres dans les hôpitaux et la punition des mendiants valides simulant des maladies.

deux mois de leur gestion aux baillis et charge ces derniers de visiter les hôpitaux « pour s'enquérir du revenu, estat et réparations des lieux, nombre de licts et pauvres qu'ils y trouveront et du tout faire procès-verbal. Et quant aux administrateurs qui se diroyent titulaires, s'il leur apparoissoit promptement de leurs tiltres et y avoir bénéfice estably conformément à la constitution canonique, qu'on eut à les taxer sur ledit revenu certaine somme pour l'entretenement du divin service : et le reste du revenu entièrement baillé et distribué aux pauvres ».

Les baillis, chargés d'appliquer cet édit, se heurtèrent au mauvais vouloir intéressé des bénéficiers et ne purent mener à bonne fin la mission qui leur avait été confiée ; si bien que le roi dut à nouveau leur enjoindre, par lettres du 26 février 1546, de faire exécuter, sous peine de destitution, les mesures prescrites par toutes les voies en leur pouvoir, même par la saisie des revenus.

Ce fut sans doute pour obéir à cette injonction et permettre au bailli de dresser les états demandés par le roi que le 11 janvier 1547 Pierre Sanglier rendait aux greffes royaux de Loudun la déclaration du temporel de l'aumônerie. Les domaines comprennent la maison du prieur avec ses dépendances, la maison des pauvres, contenant ensemble 6 setrées de terre, la métairie de l'aumônerie d'une étendue de 55 setrées ; diverses pièces de terre et pré ; une vieille fuye et des vignes plantées en pineau, au Doimont, tenues du seigneur de Chassigny à un cheval de service à muance de prieur ; une métairie à Niré et des rentes ainsi détaillées :

Rentes de deniers	30 livres
» de froment	1260 boisseaux
» de seigle	204 »
» d'avoine	21 »
» de fèves	24 »
» de chapons	20 chapons
» de gelines	6 poules (1)

Il déclare ensuite les charges qui grèvent ces domaines tant à titre de devoirs féodaux envers les seigneurs de fief qu'à titre de rentes foncières envers des établissements religieux et des particuliers ; puis

(1) Cette déclaration de revenu, faite pour répondre aux exigences administratives et pouvant être plus tard prise comme base par le fisc pour établir des taxes, est, il est inutile de l'ajouter, fort inexacte.

Nous possédons le registre de recette de l'Aumônerie pour l'année 1546 : ces recettes consistant uniquement en rentes foncières, les revenus de l'Aumônerie, en 1542 et 1546, devaient être sensiblement égaux ; or les recettes faites en 1546 s'élèvent à

2761 boisseaux de froment
296 — de seigle
31 — d'avoine
31 — de fèves
25 pintes d'huile
44 chapons
11 poules

Si l'on compare ces chiffres à ceux donnés ci-dessus, on verra que l'Aumônier a tout bonnement dissimulé la moitié du revenu de son bénéfice.

il donne le détail des services que lui et les chapellains sont tenus de célébrer dans l'église de la Maison-Dieu : le dimanche messe à notes après complies; le lundi et le vendredi, messe de requiem et vigilles des morts, le tout à notes ; le mercredi, une messe basse ; le samedi, vêpres et complies ; les fêtes solennelles, grand'messe, vêpres et complies avec matines ; divers services pour les fêtes de Notre-Dame, de la Circoncision, des Rois et des Apôtres; le jour de Noël, matines, à minuit, grand'messe avec la génération, messe du point du jour et autre grand'messe ; le jour de « Pasques fleuries, grand'messe avec la bénédiction des rameaux, procession de la croix estant au semittière de l'aumosnerie »; le mercredi saint, ténèbres ; le jeudi saint, mettre le corps de N. S. en repos en une chapelle honorablement garnie de cierges ; le jour de Pâques, bailler le corps de N. S. à tous les habitants, serviteurs, métayers et pauvres de l'aumônerie et leur donner ensuite pain et vin. Il doit en outre des services pour les seigneurs de Verrières, Chassigny, la Fontaine, Ternay, pour noble homme Jean Frettard, pour Jean Paniston, Pierre Guiot, Jean Grabot et Jean Sanglier, précédents prieurs de la Maison-Dieu.

L'aumônier est tenu d'entretenir dans l'aumônerie neuf lits (1), un pour les pauvres prêtres, un autre pour les femmes grosses, un autre pour les malades de la maladie de Mr de Saint-Main (2), un autre pour les malades de la maladie chaude (3) et cinq autres pour les diverses maladies ; il doit administrer les sacrements aux pauvres, faire ensevelir les morts et leur donner sépulture dans le cimetière de l'aumônerie (4) ; loger tous ceux qui se présentent, même les femmes grosses, ou relevées de couches, baptiser leurs enfants, soit en temps de peste ou autrement ; recueillir et nourrir, jusqu'à ce qu'ils puissent aller gagner leur vie, les enfants inconnus qui sont apportés la nuit à l'aumônerie « qui est grande charge (5) »; enfin pendant l'hiver il doit éclairer les salles dans lesquelles les pauvres sont retirés. — Tels sont les curieux détails sur l'organisation, au XVIe siècle, de la Maison-Dieu de Loudun, que nous fournit ce

---

(1) Ce qui ne veut pas dire que l'Aumônerie ne pouvait renfermer que neuf malades : jusqu'au milieu du XVIIIe siècle, il était d'usage dans les hôpitaux de mettre dans le même lit quatre à cinq malades.

(2) Le mal de Saint-Main, c'est la gale ou la lèpre ; *elephantiasis, psorà, lepra, (Trévoux, Vo mal).*

(3) Sans doute le mal des ardents, maladie épidémique connue aussi sous le nom de feu sacré, sidération ou feu de Saint-Antoine, qui brûlait le membre attaqué et le détachait du corps. Vers l'an 1070, un ordre spécial, dit de Saint-Antoine, fut fondé pour soigner les malades atteints de cette affection, il possédait en Loudunais la Commanderie d'Angliers.

(4) On voyait, il y a encore quelques années, dans le mur de l'enclos de l'Aumônerie, à l'angle du boulevard et de la route de Saumur, des fragments de tombes avec inscriptions gothiques.

(5) Il était encore d'usage au siècle suivant d'exposer les enfants à la porte de l'Aumônerie, témoin l'acte suivant : « Aujourd'huy, huictiesme jour de janvier 1609, a esté raporté davant moy, vicaire de lad. esglise, un certain petit enfant par Gillet Fourreau, gardien de l'aumosnerie de cette ville, lequel il nous a dit avoir ce matin trouvé sur la muraille devant la porte de lad. aumosnerie estant sur un petit meschant cossinet et ayant du sel en un petit linge attaché au col, requérant que j'eusse

document peut-être copié, comme le sont souvent les pièces de cette nature, sur une déclaration plus ancienne.

La même année l'aumônier était en procès par devant le parlement avec Estienne Challet qui s'était fait pourvoir de l'aumônerie; le 24 octobre 1547, aux grands jours de Tours, les plaideurs furent renvoyés devant deux conseillers qui sans doute deboutèrent Challet, car, le 6 novembre 1550, Pierre Sanglier, possédait encore ce bénéfice et était condamné par le bailli de Loudun, à payer au prieur de Notre-Dame-du-Château une rente de froment due à cause « de la maison et hostel appellée la Maison-Dieu ou l'aumosnerye de cette ville ».

En avril 1561, une importante ordonnance tenta une nouvelle réorganisation des établissements hospitaliers : « tous hospitaux, maladreries, leproseries ou autres lieux pitoyables, soit qu'ils soient tenus en titre de bénéfice ou autrement ès villes, bourgades et villages de notre royaume seront désormais régis par gens de biens, resseans et solvables, deux au moins en chaque lieu, lesquels seront esleuz de trois ans en trois ans par les personnes ecclésiastiques ou laïs à qui le droit de présentation appartiendra, les juges taxeront à ceux qui se prétendront titulaires certaine somme pour leur vivre et vestiaire seulement, qui n'excédera pas sept vingts livres tournois, à la charge de faire le service divin et administrer les sacrements aux pauvres en personne ». Le surplus du revenu sera entièrement employé à la nourriture et nécessités de pauvres, aux réparations et à l'entretien des bâtiments.

Il est très expressément enjoint aux administrateurs « de recevoir et faire traiter humainement les pauvres malades et avoir chambres séparées pour retirer les malades de maladies contagieuses ou incurables, où seront secourus de tous remèdes servant à leur guérison ».

Les administrateurs devront à la fin de chaque année rendre compte de leur gestion au juge assisté des « plus apparens habitants du lieu jusqu'au nombre de quatre au moins », et si au bout des trois ans il reste ès mains des administrateurs quelque somme elle sera « employée à œuvres charitables, comme à marier pauvres filles, entretenement d'enfants de mestier ».

CLAUDE SANGLIER, PRIEUR ET AUMONIER DE LOUDUN ; en 1563 et 1564 il fit condamner par jugements du bailliage plusieurs « frerescheurs »

à baptiser led. petit enfant, comme aussi est intervenu Me Louis Trincant, procureur du roy aux sièges, lequel m'a sommé et requis baptiser led. petit enfant, ce que j'ay faict, suivant la manière accoustumée de baptiser les petits enfants trouvés, lequel enfant masle a esté nommé Honoré ». — (*Arch. Com. de Loudun — Paroisse de Saint-Pierre-du-Marché.* — GG-7).

Le sac de sel attaché au cou indiquait que l'enfant n'avait pas été baptisé. — Cf. le *Dict. de Sainte-Palaye*, Vo *Sel* et le *Glossaire* de *du Cange*, Vo *Sal* : « Les exposans mirent l'enfant sur un estal au devant de la Maison-Dieu d'Amiens et assez près dud. enfant misdrent du sel en signe de ce qu'il n'estoit pas baptisié ». (an 1408).

Les enfants recueillis dans les Aumôneries « gagnaient leur vie » en mendiant ; à Lille ils avaient une maison spéciale dite maison des Bons-Enfants ; « les enfants vestus de robes et bonnets comme prestres vont en rue ou au coing d'icelle et ils disent *date bonis pueris panem pro Deo* et ce pour avoir l'aumosne de quoy ils vivent ». (*Monteil, Histoire des Français, XVe siècle, Notes*).

récalcitrants à continuer le service des rentes dues à l'aumônerie. Il eut aussi des difficultés avec le seigneur de Verrières qui se prétendait fondateur de l'aumônerie et comme tel lui réclamait certains devoirs.

MATHURIN MARTINEAU, que nous trouvons après lui, conclut une transaction avec noble et puissant seigneur Adam de Houdon, seigneur de Cravant et Verrières ; ce dernier prétendait que l'aumônerie relevait de son château de Verrières et voulait contraindre le prieur à lui payer une rente de 1200 boisseaux de froment assise sur le moulin de Niray-le-Dollant, le moulin des Noyers, autrement de Véniers et les bâtiments de l'aumônerie; le prieur reconnaissait bien devoir une rente de 18 boisseaux, mais se refusait au payement du surplus que ses prédécesseurs n'avaient jamais acquitté et invoquait la prescription. Voyant qu'ils allaient « tomber en grande immolation de procès, pour ce quoy obvier et pour le bien du pays, par l'advis de plusieurs leurs bons amis et conseils par ce trois fois assemblèz, tant en ceste ville de Lodun qu'au chastel de Verrières, après longue délibération, ont transigé en la forme et manière qui s'ensuit : c'est asscavoir que led. Martineau pour lui et ses successeurs sera quitte des rentes dues sur les moulins et le prieuré sous réserve d'une rente de 30 b. et 8 deniers obole de cens à charge pour lui et ses successeurs de comprendre les seigneurs de Verrières ès prières qui se font en l'église du prieuré ». L'acte fut passé à Loudun, en l'hôtellerie des Trois Rois (1) en présence d'honorable Me Jean Chauvet, procureur du roi, le mardi 1er jour d'octobre 1565.

RENÉ MESSEAU, PRIEUR ET AUMONIER DE LOUDUN, prit possession de l'aumônerie le 30 octobre 1573.

Le 15 juillet 1584, lui et son frère, Christophle Messeau, écuyer, sieur de la Girardière, faisaient un compromis au sujet de rentes avec le représentant de Guichard de Saint-Georges, chevalier, abbé de Bonneveau et prieur du Bois-Rogues.

ANTOINE MESSEAU, PRIEUR DU PRIEURÉ-AUMONERIE, acquitta en 1587 sa part dans un impôt de 50.000 livres, mis par le pape Sixte V sur les biens ecclésiastiques pour entretenir une armée levée dans le but de réunir tous ses sujets à la religion catholique. Le prieuré fut taxé à un sol d'or de rente revenant au denier vingt-quatre à 24 écus d'or ; pour se libérer Messeau abandonna une rente de 15 boisseaux de froment qui fut adjugée le 20 février 1587 moyennant 72 livres à Antoine Mesme, commis-greffier ordinaire de Loudun.

Pendant les guerres protestantes Loudun fut maintefois pillé et incendié ; les bâtiments de l'aumônerie, sis en dehors des murs de la ville, subirent les premiers les ravages des troupes : les archives brûlées, un grand nombre de rentes se perdirent. Les revenus ainsi diminués ne-

(1) C'était le plus important hôtel de Loudun; il était situé dans la rue des Trois-Rois, appelée aussi rue de la Poulaillerie, sur l'emplacement de la Caisse d'Epargne.

permirent plus d'entretenir des malades et l'aumônerie fut plus que jamais considérée comme un bénéfice impliquant tout au plus l'obligation d'abriter les passants et vagabonds.

Déjà, avant l'époque à laquelle nous arrivons, la modicité des revenus avait fait supprimer les six frères chapelains et le prieur était resté seul à la tête de l'aumônerie. Un fait semblable s'était produit à la commanderie de Loudun, occupée jusqu'au XVIe siècle par quatre religieux ; les mêmes motifs les réduisirent à un seul.

Le prieur ne résida plus à l'aumônerie et la donna à bail chargeant le fermier de fournir la paille nécessaire au coucher des pauvres. Un gardien fut, il est vrai, chargé de la surveillance de la salle de refuge, mais, disent les documents, il s'acquittait fort mal de sa mission et le quartier de l'aumônerie transformée en cour des miracles était réputé un des plus mal famés de la ville (1).

PIERRE THIBAULT, reprenait en Parlement, le 29 février 1592, un procès intenté par son prédécesseur, Antoine Messeau, à Pierre Fretard (2).

La lettre suivante nous montre qu'il fut molesté par le gouverneur Boisguérin qui s'était emparé des meubles et des revenus de l'aumônerie.

« Monsieur de Boisguérin, Me Pierre Thibault, presbtre, prieur et aumônier de Loudun, me faict plaincte de ce que à la suscitation d'aucuns, ses malveillans, vous le troubles et empeschez en la jouissance de son prieuré et mesmes avez faict prendre et enlever d'iceluy la plus part de ses biens meubles et revenus contre mon intention qui est de conserver et maintenir mes suiectz qui me recougnoissent en tous leurs biens, droictz et possession et mesmes les ecclésiastiques du nombre desquels est le dict Thibault. C'est pourquoy je vous fays la présente pour vous dire que non seullement vous faciez rendre à iceluy Thibault tout ce que luy peult avoir esté pris, mais aussi que vous le conserviez en ses dictz droictz et possessions, empeschant tout ceux qui luy voudroyent troubler, sans vous laisser aller à leurs passions et haynes, par inçy vous ferez chose qui me sera trés agréable dont m'asseurant je prye Dieu qu'il vous ayt en sa sainte garde et fait à Tours le XIIe jour de mars 1593.

HENRY.

RUZÉ

A Monsieur de Boisguérin, commandant pour mon service en mon chasteau de Lodun » (3).

Les registres du consistoire de Loudun conservés aux Archives Nationales (4) sont remplis de curieuses délibérations qui montrent que, malgré les troubles de cette époque, les protestants n'abandonnèrent pas la cause de malheureux et employèrent tous les moyens pour leur venir en aide : « Le povre de l'aumosnerie sera continué à 5 sols par semaine tant qu'il sera ici (13 avril 1589). La povre femme honteuse

---

(1) Un lieu dit, sis non loin de l'Aumônerie, porte encore aujourd'hui le nom significatif de *Vide-Gousset*.

(2) *Arch. Nat.* — Parlement de Tours, X^1a 9248 f° 961 r°.

(3) Correspondance de Boisguérin publiée par MM. de la Marque et de Barthélemy dans les *Arch. hist. du Poitou*, t. XIV.

(4) TT — 232. Il y a 3 registres de délibérations allant de 1589 à 1602. Une des principales occupations des membres du consistoire est de reconcilier les parents et amis brouillés ; et leur nombre était grand.

sera assistée de 15 s. par semaine (20 avril). Le peuple sera averti qu'il y a à l'aumosnerie un povre malade qui a besoing d'assistance (21 septembre). Les anciens prieront le procureur du roy de faire faire l'aumosne due par le commandeur, d'obliger l'aumosnier à garnir l'aumosnerie de lits (13 décembre 1590). Les anciens remontreront à l'assemblée de ville le grand nombre de pauvres qui arrivent : les valides pourront travailler aux fossés, les malades pourront être logés à l'aumônerie pendant 24 heures (9 mai 1591). La gardienne de l'aumosnerie aura 10 s. par semaine tant qu'elle soignera le soldat blessé (19 septembre). On fournira les médicaments à un soldat blessé logé à l'aumosnerie (8 décembre 1594). »

Au moment de la peste de 1605, dont nous parlons plus loin, les officiers de ville défendirent au gardien de l'aumônerie de recevoir aucun pauvre étranger sous peine de dix livres d'amende et l'aumônier contribua à l'établissement du sanitat créé à cette occasion en cédant gratuitement le terrain sur lequel fut construit le bâtiment destiné aux pestiférés ; c'était à cette époque FLORENT PATERNE.

Un jugement du conservateur des privilèges royaux de l'Université de Poitiers rendu le 5 juin 1612 condamne RENÉ BOTEREAU (1), PRIEUR AUMONIER DE L'AUMONERIE DE LOUDUN, à payer une rente au chapitre de Saint-Léger du Château.

Le visa qui accorde le bénéfice de l'aumônerie à son successeur, JEAN DE SAINT-BELIN (2), est du 20 décembre 1612. Le 21 octobre 1595 il avait été reçu chanoine et chantre de l'église de Saint-Hilaire de Poitiers et nommé le 31 juillet 1614 conseiller aumônier de la reine Marie de Médicis ; il mourut le 6 mars 1624 et fut inhumé devant l'autel de la Carolle, dans l'église de Saint-Hilaire (3).

Un de ses parents du même nom lui succéda : le 25 avril 1660 Mathieu Esquot, prieur de Notre-Dame d'Allone, procureur de JEAN DE SAINT-BELIN, AUMONIER DE LOUDUN, donnait à bail « un espace de terre à Niré-le-Dolent ou cy-devant y avoit une maison bastye qu'on appeloit la petite aumosnerie dépendant de celle de Loudun et joignant au chemin de Loudun à Bernezay. »

De Saint-Belin résigna quelque temps après à ce même MATHIEU ESQUOT (4) ; celui-ci fut troublé dans la jouissance de ce bénéfice par Louis du Breuil-Hélion (5), sieur de Châteauneuf, mousquetaire de la seconde compagnie du roi, se prétendant pourvu de l'aumônerie quali-

---

(1) C'est peut-être le même que René Bottereau, docteur en droit, qui, en 1659, disputait la chaire des Institutes à la faculté de Poitiers. (*Dict. des fam. du Poitou, 2e édit. vo Bottereau*).

(2) Sans doute parent de Godefroy de Saint-Belin, abbé de Saint-Savin, évêque de Poitiers de 1582 à 1611.

(3) *Dom Fonteneau*, t. XXXV, ms de Rapaillon, chanoine de Saint-Hilaire. — Note très obligeamment communiquée par M. de la Bouralière.

(4) Il était fils de Joseph Esquot, conseiller élu à Poitiers — (*Arch. de la Vienne*, minutes du greffe du bureau des finances, liassés 20 et 22).

(5) Fils d'Emmanuel, sr de la Gueronnière, et de Marie de Martel ; il devint lieutenant au régiment de la Marine (1663), capitaine au même régiment (1672) et lieutenant des maréchaux de France. (*Dict. des fam. du Poitou vo du Breuil*).

fiée de maladrerie dans sa lettre de provision du 9 juin 1662. Le 29 juillet suivant, du Breuil-Hélion, assisté du notaire Confex, se transporta à l'aumônerie où il trouva Etienne de Gray, s[r] de Grandmaison, procureur d'Esquot, qui s'opposa à son entrée. Le notaire passa outre et prit possession au nom du nouveau titulaire : « entrant et fermant la porte dont la clef lui a esté présentée par la femme de Pierre Crestien, gardien d'icelle, prenant l'eau bénite, sonnant la cloche, ouvrant le missel, s'agenouillant devant l'autel, entrant dans la maison dépendant de lad. malladrye, ouvrant et fermant les portes et fenêtres d'icelle » (1). Un procès s'engagea à la suite duquel Esquot fut maintenu dans la jouissance de l'aumônerie par un arrêt du Grand Conseil du 6 novembre 1662.

Viennent ensuite comme prieurs : FRANÇOIS PAUTRAIS, nommé le 11 octobre 1666 ; LOUIS GUYON, ABBÉ DE NOTRE-DAME-LA-GRANDE DE POITIERS, pourvu le 6 janvier 1667. A partir de cette époque, l'aumônerie resta dans la famille (2) de ce dernier, mais ne fut possédée, conformément aux édits et déclarations du roi, que par d'anciens officiers.

LOUIS-CHARLES GUYON, s[r] de la Chevallerie, colonel d'infanterie et commandant pour le roi la citadelle du Pont-Saint-Esprit, neveu du précédent, obtint le visa le 5 mars 1672 et fut maintenu en possession de l'aumônerie par arrêt du 12 août suivant.

Cette même année l'ordre de Saint-Lazare et du Mont-Carmel devenu tout puissant obtint du roi un édit réunissant à ses domaines les maladreries et aumôneries où l'hospitalité n'était plus établie ; on forma ainsi 5 grands prieurés et 145 commanderies qui furent donnés à d'anciens militaires.

En vertu de cet édit les chevaliers de Saint-Lazare réclamèrent l'aumônerie de Loudun ; mais l'aumônier GILBERT GUYON, frère de Louis-Charles, ayant prouvé que l'hospitalité était toujours observée, obtint le 21 juillet 1682, mainlevée de la saisie que l'ordre avait fait pratiquer des revenus de son bénéfice.

Le 10 mai 1698, Gilbert Guyon, écuyer, sieur de la Roche-Guyon, chevalier de Saint-Louis, donnait à bail l'aumônerie à César Basmard, maître barbier et perruquier, qu'il chargeait « au cas qu'il y eut des malades à l'hospital de la dite aumosnerie de fournir de bouillon et autres nourritures aux dicts malades seulement et non autres ; et fournira après un sirugien pour les dits malades en cas de besoin et fournira au gardien du dit hospital le nombre de deux cents et demy de paille pour les pauvres ».

Si l'aumônier avait pris soin de faire insérer dans le bail la clause concernant le traitement des malades, c'est qu'il n'ignorait pas les

(1) Acte communiqué par M. Gaultier, notaire à Loudun.
(2) Sur cette famille voyez les *Maintenues de noblesse prononcées par MM. de Richebourg et des Galois de Latour*, (1714-1718) publiées par *M. A. de la Bouralière*, dans les *Arch. hist. du Poitou*, 1892, t. XXII.

démarches faites par les administrateurs de la Maison de Charité, auprès de l'évêque et de l'intendant pour obtenir du roi des lettres patentes réunissant à leur établissement l'aumônerie où depuis fort longtemps, prétendaient-ils, les malades n'étaient plus soignés.

En effet par édit de mars 1693, Louis XIV avait désuni de l'ordre de Saint-Lazare les aumôneries et léproseries incorporées en 1672 et avait ordonné que leurs revenus serviraient à soulager les pauvres au gré des évêques et des intendants; une déclaration du 24 août suivant compléta cet édit et l'étendit à tous les établissements charitables; par l'article 2 de cette déclaration, le roi ordonne que les aumôneries ou autres lieux pieux dont les revenus ne seront pas suffisants pour y rétablir l'hospitalité seront unis aux hôpitaux les plus voisins, à charge de recevoir les pauvres et malades de l'endroit où est l'établissement; l'article 7 défend aux commissaires nommés pour faire exécuter l'édit « de n'avoir aucun égard aux provisions en titre de bénéfices qui pourraient avoir esté ci-devant ou estre ci-après obtenues, des hôpitaux, léproseries et autres lieux pieux, nonobstant la multiplicité des collations successives durant un temps immémorial et toute prescription même centenaire, à moins que ceux qui en sont pourvus ne justifient que le titre de bénéfice a été établi lors de la fondation »; l'article 8 ajoute que lorsqu'il se trouvera un titre de bénéfice bien établi et un hôpital ou maladrerie indépendants l'un de l'autre lors de la fondation, mais dont les revenus auront été confondus dans la suite, ces revenus seront de nouveau séparés, à charge pour le titulaire du bénéfice de déterminer la part lui revenant.

C'était en conformité de cette déclaration que les administrateurs de la Maison de Charité avaient décidé, le 1er juillet 1696, de s'adresser à l'évêque et à l'intendant pour les prier de demander au roi l'union des léproseries et aumôneries du Loudunais à leur établissement; leur requête ne fut exaucée que quatre ans plus tard : au mois de septembre 1700, Louis XIV accordait à la Maison de Charité les lettres patentes qui suivent :

LOUIS par la grâce de Dieu, roy de France et de Navarre, à tous présents et advenir, salut.

Nos bien aimez les administrateurs de l'hospital de la ville de Loudun, diocèze de Poitiers, nous ont fait remonstrer que par nostre édit et déclaration des mois de mars, avril et aoust 1693 nous aurions désunis de l'ordre de Nostre-Dame du Montcarmel et de Saint-Lazare, les malladreries et leproseries, biens et revenus en dépendant qui y auroient esté joints et incorporés par autre nostre édit du mois de décembre 1672, déclarations et arrêts rendus en conséquence, et icelles réunies aux hospitaux, desquelles elles avoient esté désunies. Ce qui a donné lieu à l'arrest rendu en nostre conseil le 6e aoust de la présente année 1700 portant union au dit hospital de la ville de Loudun, dit la Maison de Charité, des aumosneries ou maladreries et leproseries de Saint Marçol et de Cursay, des Trois-Moustiers, de Saint-Vincent, Berthegon et de la ville et des faux bourgs de Loudun, pour estre employés à la subsistance des pauvres du mesme hospital, et qu'à cet effet toutes lettres nécessaires en seroient expédiées, lesquelles ils nous ont très humblement fait supplier leur vouloir accorder.

A ces causes, après avoir fait voir en nostre conseil le susdit arrest du 6e aoust dernier ci-attaché sous le contre-scel de nostre chancellerie et désirant que nos dits édits et déclarations des mois de mars, avril et aoust 1693 soient exécutés selon leur forme et teneur, nous avons joint, réuni et incorporé et, par ces présentes signées de nostre main, joignons, réunissons et incorporons au dit hospital de la ville de Loudun ou la Maison de Charité, les aumosneries ou maladreries et leproseries de Saint-Marçolle et de Cursay, des Trois-Moutiers et de Saint-Vincent, Berthegon et de la ville et faux bourgs de Loudun, biens et revenus en dépendant pour en jouir du premier juillet 1695 et estre les dits biens et revenus employés à la nourriture et entretien des pauvres malades du dit hospital à la charge de recevoir les pauvres des lieux de Cursay, des Trois-Moustiers et de Berthegon et d'acquitter les prières et services de fondation dont peuvent estre tenues les dits aumosneries ou malladreries et leproseries, et en conséquence nous ordonnons que les tiltres et papiers concernant les dictes aumosneries ou maladreries et leproseries, biens et revenus en dépendant qui peuvent estre en la possession de Me Nicolas Gaudion, greffier des commissions extraordinaires du Conseil, qui a succédé à défunt Me Jean-Baptiste Macé, cy-devant greffier de la Chambre roïale de l'Arsenal aux archives de l'ordre de Saint-Lazare et entres les mains des commis et préposés par le sieur intendant et commissaire par nous départi en la généralité de Touraine, mesme en celles des chevaliers dud. ordre de Saint Lazare, leurs agents et commis et fermiers et autres qui jouissent des dits biens et revenus avant nostre dit édit du mois de mars 1693, seront délivrés aux administrateurs dudit hospital de Loudun, à ce faire les dépositaires contraints par toutes voies de droit dues et accoustumées; ce faisant ils en demeureront bien et valablement déchargés.

Si donnons en mandement à nos amés et feaux conseillers tenant nostre cour de Parlement à Paris, que ces présentes ils fassent enregistrer et de leur contenu jouir et user les d. administrateurs dud. hospital de la ville de Loudun dit la Maison de Charité et ceux qui leur succéderont en lad. qualité, pleinement et paisiblement et perpétuellement, cessant et faisant cesser tous troubles et empeschements, nonobstant tous édits et déclarations et arrests et règlements à ce contraire, auxquels nous avons dérogé et dérogeons par ces d. présentes, car tel est nostre plaisir et afin que ce soit chose ferme et stable à toujours nous avons fait mettre nostre seel à ces dites présentes.

Données à Versailles au mois de septembre de l'an de grâce 1700 et de nostre règne le cinquante huitiesme.

LOUIS.

Par le roy, PHELIPEAUX.

(Scellées de cire verte sur lais de soie) (1).

Ces lettres furent enregistrées sans opposition au Parlement, puis, le 19 janvier 1701, au bailliage de Loudun. Trois jours après, les administrateurs faisaient saisir entre les mains du fermier Basmard les revenus de l'aumônerie avec assignation à comparaître devant le bailli pour rendre compte des revenus perçus depuis le 1er juillet 1695. Gilbert Guyon intervint en qualité de prieur et forma opposition à la délivrance des fruits saisis soutenant que l'édit de 1693 ne lui était pas applicable.

(1) L'original n'existe plus dans les archives de l'Hospice.

De part et d'autres de volumineux mémoires, rédigés avec cette prolixité qui était le propre des gens de loi d'autrefois, furent présentés au bailliage : le prieur ne pouvant invoquer, devant l'évidence des faits, que l'hospitalité était toujours observée à l'aumônerie, prétendit que conformément à l'article 8 de la déclaration du 24 août 1693 il y avait lieu de déterminer la partie de la dotation afférente à l'aumônerie, offrant d'abandonner cette dernière aux administrateurs. Ceux-ci tombèrent d'accord sur ce principe, mais s'appuyant à leur tour sur le même article montrèrent que le soin de faire cette détermination incombait au prieur et que jusqu'à preuve contraire les biens de l'aumônerie appartenaient à la Maison de Charité. Un jugement du bailliage rendu le 31 mars 1701 condamna Guyon à justifier cette prétention.

Le prieur, ne pouvant rien produire à l'appui de ses dires, allait s'avouer vaincu, quand Basmard (1), « croyant qu'en chicanant, » il pourrait obtenir la remise d'une partie des sommes qu'il devait restituer, lui persuada de se démettre de son bénéfice en faveur de son fils, César Basmard (2), âgé de neuf ans, qu'il fit tonsurer pour la circonstance. Guyon accepta et fit signifier cette cession aux administrateurs qui, déjouant cette manœuvre, obtinrent du bailliage, le 20 février 1704, qu'il resterait en cause avec Basmard.

Enfin un jugement rendu par ce même tribunal le 31 janvier 1705, débouta le prieur et son fermier, déclara l'aumônerie de Saint-Jean réunie à la Maison de Charité et condamna Guyon à restituer les fruits perçus depuis le 1er juillet 1695. Sur le champ, les défendeurs en appelèrent en Parlement. Le procès menaçait de s'éterniser et d'entraîner à de grosses dépenses qui, en définitive, devaient diminuer le patrimoine des pauvres, aussi les administrateurs crurent-ils sage de proposer une transaction à leurs adversaires ; ceux-ci s'empressèrent d'accepter cette occasion de terminer à l'amiable une procédure qui devait fatalement tourner contre eux, et, le 7 juin 1706, signèrent leur désistement, moyennant une pension viagère de 200 livres à Guyon (3) et de 100 livres au fils de Basmard (4).

Pendant ce temps les administrateurs avaient obtenu de l'évêque de Poitiers l'autorisation de transférer le refuge des passants et vagabonds dans une des basses cours de la Maison de Charité, et décidé, en conséquence, le 6 juillet 1703, que les portes et fenêtres de l'aumônerie seraient murées et que le gardien viendrait remplir ses fonctions dans le nouveau local.

---

(1) Ce Basmard était un intrigant : il avait acquis à Loudun les six charges de maîtres perruquiers créées en vertu d'un édit de novembre 1691, mais un arrêt du Conseil d'État de juin 1699 l'obligea à tenir autant de boutiques qu'il avait acquis de charges. (*Arch. com. de Loudun* AA-4).

(2) Il devint plus tard chanoine de Sainte-Croix de Loudun et de Saint-Martin de Tours ; en 1731 il prenait dans les registres d'état-civil le titre de grand archidiacre de Poitou.

(3) Gilbert Guyon était en 1715 commandeur de l'Ordre de N. D. du Mont-Carmel et de Saint-Lazare.

(4) Il touchait encore cette pension en 1747 étant abbé de Notre-Dame de Poitiers.

La résistance du prieur à la réunion de l'aumônerie força les administrateurs à différer l'exécution de ce projet qui ne fut repris qu'après le désistement de Guyon. Le 27 octobre 1706, le bureau de l'hôpital arrêta que les deux chambres qui donnaient sur la rue Pareau (1), seraient mises en état de recevoir les pauvres passants et interdit à ceux-ci de se rendre à l'aumônerie. C'était porter atteinte aux droits de cette curieuse corporation (2) de mendiants et de vagabonds qui avaient érigé la misère en profession et vivaient de la charité publique — et bien plus de la terreur qu'ils inspiraient — « comme du revenu d'une prébende ». Aussi à peine eurent-ils appris qu'on voulait les loger à l'intérieur de la ville, où ils devaient être soumis plus facilement à la surveillance de la police, qu'ils accoururent à la Maison de Charité et « déclarèrent avec emportement qu'ils mettraient le feu dans les chambres où on voulait les loger ; quelques-uns entrèrent dans les salles et demandèrent aux sœurs, avec beaucoup d'insolence, de leur faire leur lit dans les dites salles ». Effrayés de ces menaces, les administrateurs députèrent sur le champ à l'évêque de Poitiers, Guillaume Drouin, curé de Saint-Pierre du Marché, pour lui représenter le danger que courrait l'hôpital si ce projet était mis à exécution et le prier de rapporter son ordonnance. L'évêque acceda à cette demande et laissa toute liberté aux administrateurs « pourvu qu'on trouve le moyen de séparer les hommes d'avec les femmes et qu'on propose un bon gardien pour empescher les abus qui se commettent entre les hommes et les femmes ». Pour obtempérer à ce désir les administrateurs firent construire une seconde salle pour les femmes, séparée de celle des hommes par la chambre du gardien.

Après la réunion définitive de l'aumônerie, l'évêque avait, par ordonnance du 26 septembre 1707, interdit la chapelle et transféré le service divin à la Maison de Charité ; le 21 janvier 1707 Jean Bodoux, prêtre, chargé de ce service, déclare au bureau de la Maison de Charité, que celui-ci consiste à dire la messe tous les dimanches et les quatre grandes fêtes annuelles, confesser les pauvres passants, leur administrer les sacrements et faire l'enterrement de ceux qui décèdent à l'aumônerie. Bodoux recevait pour ce soin 40 livres par an.

La chapellenie de Notre-Dame fondée autrefois en l'église de l'aumônerie étant devenue vacante par le décès du sieur Coutineau (3), chanoine de Saint-Pierre-le-Puellier de Poitiers, les administrateurs de l'hôpital, comme étant aux droits du prieur, présentèrent, le 12 janvier

---

(1) Cette rue, disparue au siècle dernier, séparait le couvent des dames de Chavagnes de l'ancienne gendarmerie.

(2) Au XIVe siècle les mendiants de Niort et de Parthenay, dont le nombre avait été décuplé par les guerres et la misère qui désolaient le pays, s'assemblèrent et choisirent un roi qui fut bientôt reconnu dans tout le Poitou et ensuite dans toute la France ; ces fonctions étaient électives et révocables. En 1741 cette royauté avait été possédée successivement par 92 rois. (Cf. *Le Jargon ou le langage de l'argot.* — Troyes, Oudot, 1741. — Chap. *Hiérarchie de l'argot et origine des argotiers*).

(3) Probablement Jean Coutineau, fils de Pierre, avocat au Présidial de Poitiers, baptisé le 17 mars 1666 — V. *Dict. des fam. du Poitou*, 2e édit. — V^o *Coutineau.*

1731, à ce bénéfice, Pierre-Ignace Dumolinet (1), prêtre, écuyer, bachelier ès lois, curé de Saint-Pierre du Marché ; l'évêque, Mgr Jean-Claude de la Poype de Vertrieu (2), refusa d'accorder son visa, prétendant que cette chapelle était depuis un temps immémorial à la présentation de l'évêché et en pourvut César Basmard alors archidiacre. Le différend fut porté devant le Conseil qui, le 23 mai suivant, déclara l'évêque mal fondé dans ses prétentions ; malgré cette décision celui-ci persista dans son refus et Dumolinet fut obligé de demander sa nomination à l'archevêque de Bordeaux, François de Maniban, qui la lui accorda le 14 août de la même année ; il prit possession de la chapelle douze jours après. Basmard pourvu par l'évêque contesta cette nomination et en saisit les juges de Loudun qui le déboutèrent de sa demande.

Sur ces entrefaites l'évêque mourut et tous les bénéfices à sa présentation tombèrent en régale (3). Dumolinet pour régulariser sa situation voulut obtenir un brevet du roi, et à cet effet, s'adressa à M. de Lamoignon (4), engagiste du domaine de Loudun, qui lui répondit par la lettre suivante :

« à Paris, le 17 février 1732.

Je voudrais fort pouvoir vous faire plaisir, Monsieur, et j'aurais demandé le brevet du roy en vostre faveur pour la chapelle que l'on vous conteste, mais vous me marquez par votre lettre que vous avez été nommé par les administrateurs et par conséquent elle est à leur nomination. Il n'y a que les bénéfices qui sont à la nomination de l'évêque qui sont tombés en régale pendant la vacance du siège ; il seroit contre toute règle de donner pour cela un brevet. Si vous pouvez lever cette difficulté je m'emploiray volontiers pour obtenir ce que vous souhaitez.

Je suis, Monsieur, très entièrement à vous,

DE LAMOIGNON DE COURSON. »

A Monsieur, Monsieur Du Moulinet, curé de Loudun, à Loudun (5)

---

(1) Fils de Pierre, écuyer, et de Louise de Chouppes; son cachet apposé au pied d'un acte d'état civil de 1731 porte : d'azur au chevron d'or accompagné de trois croissants, au chef d'argent. Il fut curé de Loudun de 1725 à 1733.

(2) Evêque de Poitiers de 1702 à 1732.

(3) On appelait *régale* le droit qu'avaient les rois de France de jouir, pendant la vacance des sièges épiscopaux et jusqu'à l'enregistrement du serment des nouveaux évêques, des revenus qui y étaient attachés et de conférer divers bénéfices, sans pour cela, être obligés de solliciter l'institution canonique des grands vicaires. On sait les difficultés suscitées à Louis XIV par la mise en pratique de ce droit dans les provinces conquises.

(4) Guillaume-Urbain de Lamoignon, marquis de la Mothe-Chandeniers, comte de Launay-Courson, fils de Nicolas, fameux sous le nom de M. de Baville, et de Anne-Louise Bonnin de Chalucet. Il fut successivement conseiller au Parlement, commissaire des requêtes, intendant à Rouen (1704), à Bordeaux (1709) ; conseiller d'état (1716) et conseiller au conseil royal des finances (1730) ; il mourut le 12 mars 1742, à l'âge de 68 ans.

(5) Cachet aux armes des Lamoignon : losangé d'argent et de sable au franc quartier d'hermines.

Dumolinet poursuivit ses démarches et fit parvenir ses plaintes jusqu'au cardinal Fleury (1), alors ministre, qui lui fit demander des explications. Le curé lui adressa alors un long mémoire exposant les faits que nous venons de retracer; cette affaire allait recevoir une solution quand Dumolinet mourut le 3 août 1733.

Dans la suite les administrateurs ne furent pas troublés dans l'exercice de leur droit de présentation par les évêques de Poitiers.

Le 1er mars 1773, à la réunion du bureau de la Maison de Charité, les administrateurs firent observer que le roi, par déclaration de janvier 1686, ayant interdit les pèlerinages sans son autorisation ou celle de l'évêque diocésain, et que d'autre part une autre déclaration du 3 août 1764 ayant défendu le vagabondage, l'existence de la maison dans laquelle se logeaient les pèlerins, vagabonds, mendiants et gens sans aveu, était contraire à ces déclarations et ne servait qu'à favoriser le libertinage de ceux qui s'y réfugiaient; en conséquence ils déclarèrent vouloir la faire fermer et pour rendre cette mesure efficace la donnèrent à bail; telle fut la fin de la Maison-Dieu comme maison de refuge.

---

(1) André-Hercule de Fleury, évêque de Fréjus, précepteur de Louis XV, grand aumônier de la reine, cardinal et ministre d'état, mort à Issy le 27 janvier 1743, à 89 ans.

LE SANITAT

Autrefois la propreté et la salubrité des villes et des villages étaient choses fort négligées, pour ne pas dire inconnues ; aussi les épidémies étaient-elles très fréquentes et en même temps très meurtrières.

En Poitou, nos chroniqueurs font particulière mention des *pestes* de 1350, « mortelle et pestifère maladie, si contagieuse qu'on en mouroit non seulement pour communiquer l'un avec l'autre, mais aussi pour se regarder (1) » ; elle emporta, dit Froissard, la tierce partie du monde ; de 1482, « fièvre continue, furieuse et frénétique, dont plusieurs moururent hors de sens et se jetoient ès puits et cisternes et par les fenestre (2) ; » de 1510, qui sévit par tout le royaume, on l'appela la *coqueluche* « parcequ'elle saisissoit les gens par la teste principalement, avec une douleur d'estomach, de reins et de jambes et de fièvre folle qui prenoit et laissoit d'heure en heure avec merveilleux degoust de pain, vin, viande et où les purgations nuysoient plus qu'elles ne profitoient et selon la complexion des personnes, les aucuns étoient moins malades que les autres (3) ; » de 1516, qui, à Loudun, emporta dans l'espace de onze jours la mère de notre poète Salmon Macrin, ses deux sœurs et trois de ses neveux (4) ; de 1531, 1563 (5) ; cette dernière, qui décima notre ville, du mois d'avril au mois d'octobre, lui enleva 3623 habitants ; elle fut la suite d'une famine qui obligea les pauvres à manger de l'herbe et des racines ; le blé valut vingt-six sous le boisseau (6).

Une autre peste sévit encore en Loudunais en 1597 ; six ans plus tard, de grandes pluies qui inondèrent le pays et déracinèrent les blés et les vignes, occasionnèrent une cruelle famine, bientôt suivie d'une terrible épidémie qui moissonna des familles entières ; la vie publique fut arrêtée ; les villes et les villages s'isolèrent, bien inutilement du reste, car le fléau, comme une tache d'huile, gagna peu à peu toute la contrée.

Les registres de décès, qui auraient pu nous procurer des données

---

(1) *Bouchet — Annales d'Aquitaine*, édit. de 1644, p. 199.
(2) *Id.* p. 287.
(3) *Id.* p. 332. Cette *coqueluche* paraît être fort proche parente de notre moderne influenza.
(4) Cf. *J. Boulmier*, *Salmon Macrin, l'Horace Français*, Paris Techener, 1872, p. 8.
(5) *Bouchet*, p. 363.
(6) *Dumoustier de Lafond — Essais sur l'histoire de la ville de Loudun*, p. 31, 1re partie.

précises sur la mortalité, n'existent plus, pour cette époque, en Loudunais, sauf pour les paroisses du Bouchet, de Chasseigne et de Saint-Nicolas de Moncontour (1).

Au Bouchet, il y eut 63 décès en 1607, tandis qu'il n'y en avait eu que 4 l'année précédente (2).

A Chasseigne, la moyenne annuelle était de 10 décès ; en 1604, trente personnes furent emportées par l'épidémie. Le premier décès est ainsi constaté : « Ce jour de sabmedy (24 août 1604), messyre Nicolas Roy a ésté inhumé en la chapelle de Sainct Mandé, lequel avoit deux épidémies, l'une soubz l'aisselle et l'autre sur le bras, lequel tomba malade le lendemain de la Sainct Laurent qui estoit le XI aoust 1604. » Pour le plus grand nombre des décès le curé indique la durée de la maladie, qui varie de un à quatre jours ; tantôt il la désigne sous le nom de contagion, tantôt sous celui de vérole (3).

Dans la paroisse de Saint-Nicolas de Moncontour, il y eut, en 1606, jusqu'à quatre décès par jour, et les registres qui chaque année recevaient l'inscription de quatre à sept décès, en accusent 70 pour cette année 1606 (4).

A Loudun, les habitants résolurent, le 21 octobre 1603, de faire des prières publiques, de suspendre les marchés, les exécutions de meubles, la pompe des funérailles, de faire tirer le canon pour chasser le mal contagieux, d'allumer de grands feux aux carrefours ; l'exercice de la justice fut suspendu. Puis ils se liguèrent contre le fléau et arrêtèrent en assemblée générale la création d'un *Sanitat*, établissement qui devait recevoir les pestiférés. Ils votèrent l'emprunt d'une somme de 2200 livres, tant pour la construction du bâtiment, que pour les soins à donner aux malades. Le 28 avril 1604, le roi accordait aux élus et échevins de Loudun des lettres patentes, les autorisant à lever pareille somme sur tous les habitants, ecclésiastiques, nobles, privilégiés ou non (5).

Le prieur de l'aumônerie, Florent Paterne, donna, pour édifier cet établissement, un terrain sis près de l'ancienne route des Trois-Moutiers, au lieu qui depuis s'est appelé et s'appelle encore le Sanitat ou Sénital. La construction, confiée à René Gaultier, entrepreneur, revint à la somme de 1700 livres ; au-dessus de la porte était gravé ce quatrain :

---

(1) Dans les registres de baptêmes de la paroisse de Saint-Pierre-du-Marché de Loudun, on lit en tête des actes du mois d'octobre 1604 : « s'ensuict les enfants baptizés durant la grande contagion ». En 1602 il y eut 137 baptêmes, 94 en 1603, 72 en 1604, 102 en 1605. Le maximum de natalité a été atteint dans cette paroisse en 1647 et 1656 avec 234; la moyenne annuelle des naissances est actuellement d'environ 90, pour toute la commune.

(2) Mairie du Bouchet, reg. de l'état-civil.

(3) Mairie de Mouterre-Silly, reg. de l'état-civil.

(4) Mairie de Moncontour, reg. de l'état-civil.

(5) *Dumoustier*, p. 37, 2e partie.

On a basty ce lieu
Aux despens de la ville,
Mais y fault prier Dieu
Qu'il demeure inutille. (1)

L'hiver de 1603 ralentit l'épidémie qui reprit avec encore plus d'intensité au commencement de 1604 ; elle diminua peu à peu et disparut définitivement en 1607. Le Sanitat fut alors fermé (2).

En 1632, une nouvelle peste le contraignit à rouvrir ses portes. Sur celle-ci les archives communales renferment de curieux détails qui sont à la louange du corps municipal dont le dévouement fut alors au-dessus de tout éloge (3).

Les premières atteintes de cette épidémie, qui régnait à Poitiers depuis le mois d'août 1628, à Châtellerault depuis novembre 1629, se manifestèrent à Loudun vers la fin d'avril 1632 (4). Le 7 mai, les habitants, justement effrayés, à la vue des ravages qu'elle venait de causer dans les villes environnantes, de l'extension que prenait le fléau, beaucoup de maisons étant « infectées, plusieurs desja morts, les autres frappéz et quelques-uns envoiéz au Sanitas », se réunirent en assemblée de ville pour approuver les mesures prises d'office par les élus et les échevins et organiser la défense contre le mal.

Quatre hommes, Denis Blanchet dit Madelon, François Bureau, Mathurin Moreau et André Bouchet, furent chargés d'ensevelir et d'enterrer les morts ; il leur fut enjoint de résider au Sanitat, afin de ne pas se trouver en contact avec les habitants. On arrêta la création d'un poste de Chirurgien des pestiférés, et pour subvenir à tous ces frais, un emprunt de 2000 livres fut voté ; enfin les habitants nommèrent une commission composée du Bailli, du Corps de Ville, des officiers et de quelques notables, qui avait pour tâche « d'adviser et arrester tout ce qui sera utile au bien et conservation des habitants ».

Tous les membres de cette commission de salubrité s'acquittèrent de leur périlleuse mission avec un zèle et une abnégation au-dessus de tout éloge et nous rendrons hommage à leur mémoire en publiant leurs noms qui sont dignes de passer à la postérité : Guillaume de Cerisai, bailli ; Pierre Delaville, élu ; les échevins François Mignon, Claude Delagarde, Jean Verdier et Louis Aubry ; le syndic, Jean Curieux (5) ; René Hervé, lieutenant criminel ; Louis Chauvet, lieutenant civil ; Charles

---

(1) *Trincant.*

(2) Le 21 mars 1606, un arrêt du conseil d'état autorisait les élus et échevins de Loudun à lever sur tous les habitants, même sur ceux du clergé, le capital et les intérêts de 1503 livres empruntées en 1604 lors de l'épidémie. (*Inventaire des arrêts du Conseil d'Etat*, par *M. Vallois*. Imprimerie Nationale, 1893, n° 10203).

(3) *Arch. Com. de Loudun* BB-30. Extraits du registre du greffe des affaires communes de la ville de Loudun faits par Boulliau, greffier de ville.

Sous le titre de *Promptuaire de tout ce qui arrive digne de la mémoire*, ce Boulliau écrivit des mémoires qui paraissent aujourd'hui perdus.

(4) *Abbé Lalanne, hist. de Châtelleraud*, t. II, p. 125.

(5) Le corps de Ville se composait alors de deux élus en chef, six échevins et un syndic, pris en nombre égal dans les deux religions.

Chauvet, assesseur civil et criminel ; Paul Grouard, juge à la prévôté ; Philippe Martin et Jean Cesvet, conseillers au bailliage ; Paul Aubry, lieutenant à la Prévôté ; Daniel Drouin, assesseur au même siège ; Jacques Gaultier, grenetier ; Jacques Hullin, contrôleur au grenier à sel ; Pierre Deceriziers, conseiller et élu en l'élection ; Louis Ollivier, Paul Naudin et François Lesuire, avocats ; Pierre Roux, Pierre Champion et Pierre Aubineau, procureurs ; Isaac Proust, sieur de Boisburet (1).

Ils devaient tenir séance au Palais tous les jours vers six ou sept heures du matin ; la présence de six membres au moins était nécessaire pour la validité des délibérations.

Le lendemain, 8 mai, la commission, à laquelle s'étaient adjoints les médecins, chirurgiens et apothicaires de la ville, se réunit au Palais sous la présidence du lieutenant criminel et, pour prévenir la propagation de de l'épidémie, arrêta de curieuses mesures prophylactiques qui donnent une piètre idée de la propreté de Loudun au XVIIe siècle.

Il fut enjoint aux habitants de n'avoir chez eux, sous peine de confiscation, « aucuns pourceaux, pigeons, lappereaux ni chats et pour les chiens les retiendront à l'attache » ; de balayer devant les maisons, de laver les rues tous les matins, peine de 10 livres d'amende ; « aux propriétaires de faire faire des latrines, afin que les locataires ou propriétaires ne soyent contraincts, ce qui arrive d'ordinaire, de faire les ordures par les rues ; de ne jeter par les fenestres, soit de jour, ni de nuict, aucunes saletéz ».

Il fut ordonné aux habitants qui déposaient leurs fumiers sur le pavé des rues, d'avoir à les enlever immédiatement, faute de quoi, deux jours après, tous les charretiers pourraient les emporter.

Trois fois par semaine, le dimanche, le mardi et le vendredi, de grands feux devaient être allumés à tous les carrefours à partir de huit heures du soir.

Défense fut faite au gardien de l'aumônerie et aux hôteliers de recevoir les pauvres étrangers ; aux vendeurs de poissons de jeter dans les rues les eaux dans lesquelles ils faisaient tremper leur marchandise ; ils devaient les porter de nuit dans le Pasquin ; aux bouchers de souffler et enfler les bêtes tuées ; à leurs quatre maîtres-jurés de redoubler de surveillance dans l'examen de la viande ; à toute personne de mettre de l'ail en vente dans l'intérieur de la ville ; il ne pouvait être vendu qu'en dehors même des faubourgs ; aux mendiants de s'attrouper aux portes et de se trouver plus de deux ensemble ; enfin on enjoignit à tous ceux qui auraient connaissance d'une maison infectée d'avoir à la signaler sur le champ au Corps de ville.

De plus, l'assemblée approuva l'établissement d'un chirurgien de la santé et le choix de quatre hommes qui sous le nom de *Corbeaux* devaient transporter les malades au Sanitat dans un tombereau construit

(1) Urbain Grandier, dit M. Legué, p. 112, montra, à l'occasion de cette peste, un courage à toute épreuve, portant aux moribonds les secours de la religion ; cette conduite ne désarma pas ses adversaires qui l'accusèrent d'être l'auteur des maux dont souffrait la ville.

à cette fin et enterrer les morts ; ces hommes, pour être reconnus de la population, devaient être vêtus d'une robe de treillis noir, ornée d'une croix blanche devant et derrière, et tenir à la main un bâton blanc avec une petite clochette, appareil funèbre bien fait pour glacer d'effroi les malheureux habitants déjà attérés par le fléau ! Ces hommes étaient aussi chargés de nettoyer les maisons infectées et défense leur était faite, sous peine de la hart, de ne rien dérober ; quatre femmes eurent en même temps semblable mission.

Le mercredi, 12 mai suivant, la commission compléta les mesures prises précédemment : il fut défendu aux huissiers d'apporter en ville les meubles par eux saisis pour être mis aux enchères et il fut sursis à ces ventes, sauf pour le recouvrement des deniers royaux ; il fut enjoint aux revendeurs de ne pas acheter ni exposer des « habits et autres hardes où le mauvais air se peult enfermer et garder ». Les plaidoiries devant toutes les juridictions furent suspendues ; le marché porté en dehors des murs, le long du fossé, entre la porte-de-Chinon et celle de Mirebeau.

Le mal resta stationnaire pendant quelques jours et ce ne fut que le 15 mai que, « le danger de la contagion commençant à aparoir », la commission se réunit pour choisir un chirurgien de la santé. Pregent Bonnereau, lieutenant des chirurgiens de Mirebeau, se présenta pour remplir ce poste ; il demandait des « gages suffisans pour son entretien et que les dits gages lui soient advancéz de moys en moys dont la première avance sera faicte trois jours avant d'entrer en exercice » ; à l'expiration de sa mission, il désirait se fixer à Loudun et y exercer son état sans passer d'examen ; il réclamait aussi des exemptions d'impôts.

Ses conditions furent jugées acceptables et on lui promit 120 livres par mois, tant pour lui que pour un aide-chirurgien ; mais, avant de s'engager définitivement, la commission voulut savoir si, parmi les praticiens de Loudun, il ne se trouverait pas quelqu'un qui accepterait cette charge et elle les fit immédiatement mander ; les chirurgiens de Loudun étaient alors Jean Jacques, René Maunoury, François Fourneau, Jacob de Laurière et Pierre Allain, son gendre ; tous — et leurs noms méritent pour ce fait d'être cloués au pilori de l'histoire — déclinèrent cette proposition (1) ; l'offre de Bonnereau fut par suite acceptée ; mais il se ravisa et refusa quelques jours après d'entrer en charge « disant que c'estoit tendre aux vieilles pies que de le vouloir persuader de le faire ».

Le 22 mai Guillaume Gremien, chirurgien de Berrie, s'offrit pour le remplacer ; on lui accorda ce qu'il demandait : 100 livres par mois, un cheval de 45 à 50 livres « et ung habict de camelot, fors que le pourpoinct sera de treillis » ; à sa sortie d'exercice il pouvait s'établir à Loudun sans examen et était exempt de collectes et d'assiettes ; il n'était cotisé qu'à 5 sous de taille et un chiquet de sel ; s'il décédait pendant l'épidémie, sa veuve devait jouir des mêmes privilèges. Ses soins n'étaient dus gratuitement qu'aux pauvres traités aux dépens de la ville ; il était à la disposition des autres malades qui devaient le payer.

(1) Ils tinrent pareille conduite à Châtellerault. V. *l'abbé Lalanne*, p. 130.

Cet accord était fait pour deux ans et les honoraires de Gremien n'étaient dus qu'en temps de contagion seulement; il entra en charge le vendredi, 28 mai 1632.

Le 23 juin, aucun mal de contagion ne paraissant plus en ville, on donna congé au chirurgien « jusqu'à ce qu'il soit rappelé, si besoin est, ce que Dieu vueille empescher ».

Ce n'était qu'un repit de quelques jours : le 31 août eut lieu devant le bailli Guillaume de Cerisai, une assemblée de ville au cours de laquelle le syndic des habitants représenta « que le mal contagieux augmente de jour en jour, tant en cette ville qu'aux faubourgs et hameaux en dépendants » ; que les deniers empruntés précédemment sont épuisés et qu'un nouvel emprunt de 3000 livres est nécessaire. L'affaire mise en délibération, les habitants donnèrent pouvoir aux élus et échevins d'emprunter cette somme, puis le bailli déclara remettre en vigueur les mesures de salubrités élaborées précédemment et leur exécution fut confiée aux mêmes commissaires qui avaient déjà donné tant de preuves de dévouement; le lendemain Gremien reprit son poste.

Ce fléau ne disparut définitivement qu'en 1633 ; à cette époque les portes du Sanitat furent fermées à jamais.

Des recherches effectuées dans les anciens registres paroissiaux nous ont permis de dresser le tableau ci-dessous qui donne, pour cette dernière peste, un léger aperçu de la mortalité et montre que la marche de l'épidémie fut fort irrégulière.

PAROISSES	NOMBRE DES DÉCÈS EN					
	1629	1630	1631	1632	1633	1634
Beuxes	»	»	11	5	28	8
Ceaux	»	»	»	97	»	»
Chasseigne	16	20	37	52	4	6
Claunay	4	»	25	10	8	3
Joué	»	»	»	3	21	»
Morton	18	18	14	»	1	6
Mouterre	»	»	»	»	5	»
Rossay	»	»	»	4	2	»
St-Hilaire-des-Trois-Moutiers (1)	»	7	33	9	3	»

Pour cette époque les registres de décès des autres paroisses du Loudunais n'existent plus.

(1) Registres d'état-civil dans les mairies respectives; pour presque toutes ces paroisses, les décès correspondant à la période de l'épidémie portent en tête : morts de contagion.

A Beuxes, en 1633, le curé fait enterrer les morts de contagion dans les champs, sans aucune cérémonie ; les corps sont transportés sur des charrettes : Anne Le Sourt, épouse de René de Mondion, écuyer, seigneur de Varanne et Mépieds, est inhumée, le 24 septembre 1633, auprès de la croix de Coismé, en la paroisse de Marsay, « d'aultant que lad. damoiselle estoit morte de maladie contagieuse ».

Le curé de Ceaux a écrit en tête de sa liste de décès : « En l'année 1632 est décédé dans le bourg et paroisse de Ceaux, de la contagion le nombre qui s'ensuict et à commencer le 18e jour de juillet quy fut le premier qui decedda au jour dabté si-dessus ». Les 97 décès se décomposent ainsi : Juillet 7; Août : 16; Septembre : 33; Octobre : 33; Novembre : 8.

A Chasseigne une famille composée du père et de cinq enfants est emportée du 8 au 23 octobre 1632 ; au mois de juillet 1632, il y eut 16 décès.

Des 25 décès de Claunay, en 1631, 12 ont été inscrits dans le seul mois d'octobre.

Depuis 1632 les épidémies paraissent avoir oublié le chemin de Loudun : la peste de 1720, qui sévit si cruellement à Marseille et en Provence, ne se montra pas dans notre ville; les officiers municipaux qui avaient pris des mesures pour prévenir la communication du mal contagieux, écrivaient cependant à l'intendant de Touraine, le 26 janvier 1722 : « Les officiers de ville éprouvent de grandes difficultés à faire exécuter les mesures qu'ils ont prises, Loudun, quoique dépeuplé, étant très étendu. La réunion continuelle dans cette ville d'un grand nombre de pauvres et de vagabonds qui semblent s'y donner rendez-vous, présente peut-être certains dangers ; mais on ne peut y remédier sans ordre supérieur » (1).

Vers 1750, le Sanitat étant depuis plus d'un siècle sans objet, il fut résolu de s'en débarasser. Le 6 octobre 1751, les officiers de ville présentèrent une supplique à l'intendant pour les autoriser à aliéner un emplacement contenant 5 à 6 boissellées de terre, sis au Pont de Pierre, « laquelle pièce de terre étoit autrefois bien renfermée de murs dans l'enceinte desquels étoient des bastiments destinés aux pestiférés, lesquels bastiments sont entièrement détruits à l'exception de quelques mauvais murs ». L'autorisation ayant été accordée, le Sanitat fut cédé, le 29 février 1752, à Vincent Naudin, lieutenant criminel au bailliage, à charge d'y établir une pépinière de muriers blancs.

(1) Arch. com. de Loudun, BB — 11.

LA MAISON DE CHARITÉ
DE LOUDUN

Les nombreux écrits, dans lesquels notre célèbre compatriote, Théophraste Renaudot, combattait si chaleureusement pour la cause des malheureux, ne paraissent pas avoir eu un grand retentissement dans sa ville natale, si l'on en juge par l'indifférence que les Loudunais, absorbés, il est vrai, par les luttes de religion, puis par la passionnante affaire d'Urbain Grandier et des Possédées, témoignaient de son temps en matière d'hospitalité : jusqu'au milieu du XVIIe siècle, ils se contentèrent de l'Aumônerie qui, réduite, depuis les premières guerres civiles, à l'état de simple lieu de refuge, était d'un secours bien insuffisant, attendu la grande multitude de pauvres encombrant alors la ville et les campagnes.

Ceux-ci trouvaient bien une certaine assistance dans les couvents dont le nombre s'était fort augmenté (1) sous l'impulsion de l'autorité royale, dans le but immédiat de battre en brèche le parti protestant, et non pas dans celui de porter remède à la misère qui étreignait le pays ; mais en réalité l'hospitalité n'existait plus à Loudun.

Ce que notre illustre philanthrope n'avait pu provoquer par ses écrits et par les exemples que donnaient ses établissements charitables, un homme, une des plus tristes figures du procès Grandier, l'entreprit et le mit à exécution : il fut donné à Jean Mignon, doyen des chanoines de Sainte-Croix, esprit remuant et entreprenant, de réveiller les Loudunais « de leur assoupissement » et de mener à bonne fin une fondation charitable, entreprise ardue, qui, franchissant les Révolutions, s'est transmise jusqu'à nous.

(1) Les Jésuites s'établirent en 1610; les Capucins, en 1616; les religieuses du Calvaire, en 1624; les Ursulines, en 1626; les Visitandines, en 1648. En outre des Cordelliers et des Carmes existaient depuis longtemps.

⁂

C'est une enquête prescrite par l'évêque de Poitiers, Henri-Louis Chasteignier de la Rochepozay, sur les abus et malversations commis par les aumôniers, qui paraît avoir été l'origine de l'admirable mouvement de charité dont nous allons nous occuper :

Nous, Henry-Louys Chasteignier de la Rochepozay, par miseration divine évesque de Poictiers, à tous ceux qui ces présentes lettres verront, salut.

La connoiscence que l'expérience nous donne que les hospitaux maladeries, leproseries, hostels-Dieu et autres lieux pieux fondés et estants en l'estendue de nostre diocèse au proffict et soulagement des pauvres sont mal entretenus et le revenu d'iceux mal employés suyvant les fondations, à quoy il se commet plusieurs abus tant, par le moyen des aumosniers, hospitaliers, bénéficiers et possesseurs des dicts aumosneries, hospitaux et maladeries, que les administrateurs et fermiers d'icelles et qu'au lieu d'employer les dicts revenus à l'entretien et norriture des pauvres des dicts hospitaux à eux affectés ils sont divertis et aplicqués en aumosnes extérieures en faveur des personnes affectées et non malades, ny incommodées, mays domestiques et despendentes des aumosniers et administrateurs qui d'ailleurs se rendent fermiers des domaines à vil prix, divertissent les tiltres, font des réparations frauduleuses, laissant usurper les biens par personnes puissantes et voysines, s'en rendent adjudicataires soubs nom, interposé consomment les fonds en frais de procèds et aplications inutils, laissent deperir les droicts faulte de poursuitte et les bastiments faulte de réparations, ne rendent point compte en destail et s'ils en rendent c'est à leurs successeurs ou personnes engagées dans leurs intérests et sans connoiscence de cause. De tous lesquels desordres et abus ayants plusieurs mémoires nous avons creu estre obligé pour la gloire de Dieu et pour satisfaire à nos charges, en rechercher les instructions plus exactes afin d'y pourvoir de remèdes plus convenables pour le droict et tiltre que nous avons en la direction des dicts hospitaux.....

Pour étudier les moyens de porter remède à tous ces abus, l'évêque chargeait un prêtre du diocèse de Tours, Pascal Bouray, dont le zèle charitable s'était révélé en maintes circonstances, de procéder à une enquête dans toute l'étendue du diocèse. Il lui donnait pleins pouvoirs pour visiter les établissements hospitaliers, se faire représenter les titres, registres de recette et de depense, rédiger les « procès-verbaux de l'estat des lieux, réparation et améliorations à faire, réception, norriture et entretien des malades, fonctions, services, employs et ministère des ecclésiastiques. » Il lui laissait en outre la faculté de se faire représenter dans les villes où il ne pourrait se rendre (1). Usant de cette permission, Bourray délégua (2) le fameux Jean Mignon, chanoine de Sainte-Croix, pour visiter les aumôneries et maladreries de Loudun et des paroisses du Loudunais.

Mignon procéda sur le champ à l'enquête qui lui avait été confiée, et dépeignit dans un rapport adressé à l'évêque le grand désordre de l'aumônerie de Loudun où il était impossible de rétablir l'hospitalité, par suite de la ruine presque totale des bâtiments et de la perte de la plus grande partie des revenus.

Par d'autres lettres du 12 novembre 1647, l'évêque confirma la subrogation de Mignon et le chargea de s'entendre avec les habitants pour remédier à un état de choses si préjudiciable à la tranquillité du pays.

Mignon conçut alors le projet de créer un hôpital, ou, comme on disait, une *Maison de Charité*, et entra immédiatement en campagne.

Considéré dans sa ville, tant à cause de sa fortune que de ses relations, doué d'un caractère vindicatif, au service duquel il mettait une puissante énergie (3), par suite très redouté, Mignon peut être sous l'impulsion des remords, pour racheter son indigne conduite envers Grandier, se fit un apôtre de charité et se dévoua à l'accomplissement de son projet autour duquel il rallia tous ses compatriotes.

Le 11 janvier 1648, Menuau et Moussault, procureur et avocat du roi, agissant aux noms des habitants, se présentent devant le bailli, Guillaume de Cerisai, et lui remontrent le mauvais état de l'aumônerie ruinée par les guerres et les malversations des aumôniers : « ce quy faict que le dict Hostel-Dieu sert seullement de retraite aux vagabonds, courreurs et gens sans aveux et que le nombre des pauvres mallades du pays (et quy augmente et croist tous les jours pour la grande surcharge que le peuple souffre et les stérilitéz fréquentes quy ar-

(1) Lettres données à Dissais le 13 avril 1647 signées *Henry-Loys, E. de Poictiers.* (Original scellé, *Arch. de l'Hosp.*)
(2) Le 22 octobre 1647.
(3) Cf. M. Legué, Urbain Grandier, p. 50.

rivent maintenant plus grandes qu'ailleurs) ne reçoit aucun soulagement et mesme qu'on en voit quantité dans les tours et caves qui sont ès fosséz de la ville et ès environs mourir abandonnéz des secours temporel et spirituel. »

Pour réformer ces abus et tirer parti de l'aumônerie, il y aura lieu, disent-ils, de se pourvoir devant le Grand Aumônier de France; mais comme cette réformation demande de longues formalités, que le nombre des pauvres malades et des orphelins croît tous les jours et que cette année la chèreté des vivres est extraordinaire, ils estiment qu'il est du devoir de leur charge d'aviser au plus tôt au soulagement de cette misère : par suite ils proposent à l'exemple de plusieurs villes du royaume, de nommer une commission chargée de rechercher les legs faits aux pauvres, d'en poursuivre le recouvrement et d'en distribuer les arrérages.

Ce projet soumis aux habitants assemblés est accepté à l'unanimité, et sur le champ ils élisent les membres de cette commission; deux administrateurs : Guillaume Rogier, conseiller au bailliage, et Pierre Fournier, avocat; un receveur, Louis Linacier, procureur; un prêtre devait en outre en faire partie comme administrateur spirituel; ces charges entièrement gratuites étaient conférées pour trois ans.

Au cours de cette délibération les habitants indiquèrent les principales rentes qui, au cours des dernières années avaient été léguées aux pauvres; elles s'élevaient à 135 livres et 120 boisseaux de froment. Ils firent aussi remarquer que le Commandeur de Loudun devait « l'aumosne perpétuelle d'un morceau de pain de largeur en quarré d'un dour (?) à chacun des pauvres qui se présentent par deux jours certains de chacune sepmaine (1), quy a ésté évaluée, autres foys et mesme l'année stérille 1631, a deux septiers mouture par chacune sepmaine »; que les fermiers chargés par les commandeurs de distribuer cette aumône en gardent la plus grande partie pour eux et qu'il serait bon de prier François de Thalouet, alors commandeur, de verser à la commission une certaine somme d'argent, moyennant quoi on le tiendrait quitte à l'avenir de cette aumône. De plus « les administrateurs exhorteront les prédicateurs de porter les personnes

(1) Le dimanche et le jeudi. V. *Trincant*, p. 29.

pieuses à contribuer aux charités nécessaires au dit établissement. » (1)

Le lendemain, le bailli, le procureur et l'avocat du roi rédigèrent le règlement suivant qui est le titre constitutif de la Maison de Charité :

Règlement faict par nous Guillaume de Cerisay, baillif, en présence des advocat et procureur du roy, en conséquence de nostre jugement porté par procès du onziesme janvier 1648 pour la conduitte et administration de l'hospital projetté par le dict procès-verbal.

Du 12 janvier 1648.

Premièrement les administrateurs feront une exacte recherche de tous les testaments, dons et legs' faicts au proffict des pauvres et d'iceux en feront inventaire.

2. — Ils poursuivront les détempteurs des dicts dons pour la recognoissance des dicts dons et leur en feront payer les arrerages, lesquels estant reçus, ilz prendront une maison à tiltre de loyer, autant commode que faire se poura trouver, en attendant que la Providence de Dieu ait suscité des moiens pour en avoir un en propriété, et d'iceux arrérages ilz en achepteront des meubles pour meubler la dicte maison, nécessaires seullement aux malades qu'on y logera.

3. — Les dicts administrateurs ne donneront entrée à aucun pauvre dans la dicte maison et Hostel-Dieu que par le consentement de l'administrateur et directeur spirituel estably par Monsieur l'évesque, ny l'administrateur et directeur spirituel que par le consentement des dicts administrateurs temporelz. Et le dict directeur spirituel et les dictz administrateurs temporels n'y pourront donner entrée à aucun malade qui puisse aller mandyer ou qui ayt père ou mère ou parens proches quy les puisse assister; comme encor ilz ne feront aucune différence pour la dicte entrée des mallades de la qualité requise entre ceux de la religion catholique et ceux de la prétendue réformée.

4. — Les dictz administrateurs auront et entretiendront autant de lictz de pauvres dans le dict Hostel-Dieu comme prudemment ils jugeront que se poura estendre le revenu annuel des dicts pauvres tant celuy quy proviendra du revenu assuré que du casuel et des aumosnes journalières des personnes pieuses : et selon que les fondations et revenus augmenteront il sera augmenté de lictz et de pauvres au prorata.

5. — Le dict administrateur spirituel aura un livre où il emploira la date du jour de l'entrée des pauvres malades dans le dict Hostel-Dieu, leurs noms et surnoms et ceux de leurs père et mère, leurs vacquations,

(1) Ce procès-verbal est signé par de Cerisai, Gaultier, conseiller; Gervais, conseiller et eslu; Leproust, échevin; Chauvet, assesseur; Mignon, président en l'élection; Rogier, conseiller et échevin; Moussault, procureur du roy; Fournier, avocat; Linacier, procureur; Richard, advocat; Delagarde, advocat et officier du prévôt de la maréchaussée; Cesvet, conseiller; Jehanneau, advocat du roy à l'élection.

leurs pays, paroisses et diocèses de leur naissance, la sortie du dict Hostel-Dieu ou le décedz, duquel décedz et entrée au dict Hostel-Dieu sera baillé advis aux parens des estrangers, s'il se peut.

6. — Dans chacune des églize de cette ville il sera mis un tronc pour recevoir les aumosnes des gens de bien ; lesquelz troncs fermeront à deux clefs dont l'une sera gardée par le directeur spirituel et l'autre par le recepveur et seront ouverts les dicts trons de troys moys en troys moys, pour le moings, en la présence des administrateurs ; et ce quy se trouvera en iceux sera mis ès mains du receveur lequel en chargera sur l'heure son livre de recepte des aumosnes et seront les articles signèz des dictz administrateurs.

7. — Le dict receveur tiendra trois livres, l'un de la mise et deux de recepte, scavoir un du revenu ordinaire et l'autre des charitéz et ausmosnes ; et ne sera tenu le dict recepveur de dresser autre compte que les dictz livres de mise et de recepte. Lesquels livres, lors des dicts comptes, il representera par devant nous et en presence des advocat et procureur du roy, ou de l'un d'eux en l'absence de l'autre, pour compter sur iceux et, à la fin du chappittre de recepte et mise, sera faict acte et arresté des dicts comptes annuellement et lorsque le dict recepveur sortira de charge sera dressé par devant nous un acte quy contiendra sommairement l'estat des dictes mises et receptes de chacune année et en sera deslivré coppie au dict recepveur pour sa descharge, sans que par après il puisse, ny les administrateurs, estre inquietéz, ny recherchéz sur le faict de la dicte recepte et mise, fors le dict recepveur en vertu de l'acte quy sera dressé en cas quy demeure reliquataire ; et ce faict demeureront les dicts livres de mises et de receptes au thresor du bureau des pauvres.

8. — Les dicts administrateurs feront un pappier lequel contiendra par le menu tout le bien des pauvres, et ce par chappitres et articles separéz, et sera cotté en chasque article le jour que les rentes sont deues, les personnes qui les doibvent, la datte de fondation et legs qui en ont ésté faictz, des jugements ou contracts, les sièges où ils ont ésté rendus ou les nottaires qui les ont passéz, les lieus subjectz aux dictes rentes avec les joignants et confrontations et desquelz lieux ils feront faire de nouveaux arpentages, sy faire se doibt.

9. — Les dicts administrateurs feront faire deux coppies du dict pappier et de l'inventaire mentionné en l'article premier cy-dessus pour estre mise l'une ès mains de l'advocat ou procureur du roy de ce siège et l'autre demeurera entre les mains des dits administrateurs quy, sortant de charge, la rendront à ceux quy y entreront et les dicts pappiers terriers et inventaires seront signés de nous, de l'advocat et procureur du roy et des dicts administrateurs.

10. — Les dicts administrateurs auront un coffre pour mettre tous les tiltres des dicts pauvres quy fermera à trois clefs dont l'une sera gardée par l'administrateur et directeur spirituel, une par le procureur du roy et la troisiesme par les dicts administrateurs temporels, et ne pourront les dictz tiltres estre tiréz des dicts coffres sinon par coppies collationnées.

11. — Les dicts administrateurs ne pourront emploier en leur compte en deniers comptéz et non reçuz les arrérages des rentes, sinon ceux qui seront eschuz deppuis trois mois ou pour lesquelz ilz rapporteront valables diligences.

12. Les dicts administrateurs s'assembleront tous les lundys au bureau ordinaire (quy poura estre dans une chambre du dict Hostel-Dieu) et le feront encore estraordinairement sy les affaires les requièrent ; et tiendront registres de toutes les délibérations quy s'y feront pour y avoir recours quand besoing sera ; et s'il se presente quelques affaires de grandes importances on prendra l'advis de nous et des advocat et procureur du roy.

13. — Il sera par nous faict visitte du dict Hostel-Dieu en presence des advocat et procureur du roy, ou de l'un d'eux du moins, de trois mois en trois mois, pour voyr sy les reglements cy-dessus seront gardéz et observéz et y remedier en cas de deffault dont nous ferons procès verbal.

14. — Les dicts administrateurs et recepveur seront contrainctz annuellement à rendre leur dict compte à la diligence du procureur du roy et en son deffault à celle de l'administrateur et directeur spirituel.

15. — Touttes lesquelles visittes et examents des comptes et vacquations se feront sans aucuns fraiz et sera aussy par nous commis, de l'advis des dictz gens du roy, un greffier qui en fera la charge par charité, tant ès dictes visittes que examents de compte et quy, en cas qu'il soyt changé et eust par devers eux les minuttes des dictes visittes, comptes et actes de descharges, sera tenu les mettre on coffre cy-dessus mentionné, sans qu'il puisse pretendre en aucune façon, salaires, tant pour les dictes minuttes que pour les grosses des dicts comptes, s'il competoit d'en lever, fors son debourcé pour le papier, s'il le requiert.

DE CERISAI.

MENUAU, ad[t] du roy. MOUSSEAULT, p[r] du roy.

Tout ainsi préparé — et faisons-le remarquer à l'éloge des rédacteurs de ce précieux document — avec une rare précision et dans un esprit purement humanitaire, il ne restait plus qu'à trouver un hôpital ; à cet effet, le 6 avril 1648, devant Gouin, notaire royal à Loudun, noble homme Louis Moussault, conseiller du roi et son procureur aux sièges royaux, et son parent (1) messire Jean Mignon, chanoine de l'église collégiale de Sainte-Croix, acquirent de leurs deniers personnels, moyennant 1800 livres, une maison appartenant à Isaac Regnier, marchand. Elle joignait à la rue tendant, « du carrefour Sainte-Croix au Pont-d'Artin, à main droite ; d'autre part la rue tendant dudit Pont-d'Artin au chasteau, à main droite, d'autre part à la rue appelée

(1) Louis Moussault avait épousé la fille de notre historien Trincant qui était l'oncle de Mignon.

Dufour du Temple (1) et d'autre à la maison des héritiers feu Gilles Meaupeau. » Cet immeuble se trouvait au coin des rues de la Vieille-Charité et du Relandais (2) et joignait par derrière à la rue de la Société ou peut être à une petite rue disparue depuis.

Mignon y fit faire quelques réparations et le 24 juin 1648 l'hôpital fut ouvert aux malades.

Sur la demande des administrateurs, l'évêque accorda, par lettres du 28 décembre suivant, la confirmation du réglement de la Maison de Charité et nomma Mignon directeur spirituel, « à la charge neantmoins que ceux de la R. P. R. ne pourront estre nommés administrateurs et n'auront aucune voix pour élire le prestre qui nous doibt estre présenté ». En outre la reddition des comptes devait avoir lieu en présence du doyen des chanoines de Sainte-Croix et des curés des deux paroisses de Loudun.

Vers la même époque il y eut, entre l'administrateur spirituel et le curé de Saint-Pierre-du-Marché, des contestations au sujet du lieu de sépulture des malades décédés à la Charité ; un jugement de l'official de Poitiers permit d'inhumer dans le cimetière de l'hopital.

Jamet Quirit, bourgeois de Loudun, avait légué aux pauvres de sa ville, par son testament du 14 septembre 1414, une rente de 20 setiers de froment, qui, en 1573, avait été attribuée aux Cordelliers à condition de s'en servir pour leurs aumônes ; les administrateurs, qui la reclamèrent, conformément à leurs statuts, se la virent refuser et engagèrent un procès ; sur transaction, le 24 février 1649, Pierre Dupont, gardien du couvent, abandonna 12 setiers à l'hospice à charge de célébrer treize messes fondées par Jamet Quirit (3).

---

(1) On trouve à cette époque un « Dufour, sieur du Temple, officier dans la venerie de Monseigneur d'Orléans » ; les petites rues portaient souvent autrefois le nom du principal propriétaire des maisons qui les bordaient.

(2) La rue Chevreau est de création récente : la rue descendant du carrefour Sainte-Croix au Pont-d'Artin tournait brusquement à gauche au point où elle rencontrait la rue du Relandais, tendant du Pont d'Artin au Château.

(3) Cette rente se paie encore (pièces originales déposées au bureau du Receveur de l'Hospice).

***

Malgré l'enthousiasme qui présida à la création de cet établissement et qui du reste l'accompagna dans la suite, les débuts de la Maison de Charité furent fort pénibles ; les dons volontaires ou forcés affluaient, mais ils ne pouvaient suffire à l'entretien des nombreux malades qui, chaque jour, se présentaient aux administrateurs et de beaucoup les dépenses dépassaient les recettes : en 1657 une ordonnance du bailli obligea les maîtres bouchers à donner à l'hospice deux cents livres de viande de veau et de mouton, moyennant quoi ils auraient la permission de vendre pendant le carême aux personnes malades et infirmes. Cette ordonnance fut accueillie par de nombreuses protestations, car à Loudun, comme dans la plupart des villes, la corporation des bouchers était riche et puissante ; aussi chaque année le bailli était-il forcé de délivrer une nouvelle ordonnance contre ces donateurs récalcitrants.

Une femme de bien, Anne Gaugry, veuve de Pierre Bourdier, était venue, dès les premiers jours, offrir aux administrateurs sa personne et ses biens, réclamant uniquement l'honneur de soigner les malades ; pour honorer un tel dévouement, les habitants, en assemblée générale, l'exonérèrent de tout impôt et de toute charge publique. C'était du reste à elle que, par acte du 18 août 1648, les administrateurs avaient confié la direction de l'hôpital.

Au nombre des premiers bienfaiteurs de cette maison nous citerons René Mesmin, s^{r} de Silly, qui, par son testament du 4 juin 1654, lui légua une somme de 300 livres pour être employée à l'acquisition d'une maison propre à retirer les pauvres (1) ; le 30 décembre de la même année, Jeanne Robin, veuve d'Irenée de Sainte-Marthe, sieur des Humeaux, receveur des tailles de Loudun, donna une rente de 4 livres 5 sols ; Claude Chaston, veuve de Jacques de Thibault, sieur de Chasseigne, légua, le 14

(1) Il lègue en même temps 20 setiers de blé aux pauvres de Mouterre-Silly ; veut qu'il soit distribué 50 livres 10 sols aux pauvres qui viendront à son enterrement et que 60 l. soient employées à libérer des personnes pauvres.
M. de Silly était à Loudun le correspondant du cardinal de Richelieu.

janvier 1658, une somme de 400 livres qui servit à acquérir un clos de vigne à la Porte-de-Mirebeau ; Pierre Menuau (1), avocat du roi, fit un legs de 900 livres ; René Normandine, avocat, donna 20 livres : Marguerite Audebert, une rente de 5 livres.

Un conseiller au parlement de Paris, Vincent Le Bret (2), fit un don de 3000 l. qui, avec le legs de Pierre Menuau, furent employées à acquérir, de Louis-François d'Aviau, sieur de Piolant, gouverneur de la ville de Loudun et du pays Loudunois, et de Anne-Dorothée Gaultier, sa femme, la métairie de Seneuil, paroisse de Saint-Pierre-du-Marché; sa générosité n'était pas épuisée, car, le 31 août 1666, Le Bret donna à nouveau une rente de 60 livres.

Mignon mit au maintien de la Maison de Charité toute l'ardeur qu'il avait autrefois apportée à poursuivre son ennemi Grandier et là, comme en 1631, le succès couronna sa persévérance. En 1662, il adressa aux officiers du présidial, prévôté et maison de ville, un long mémoire, vrai panégyrique de sa conduite et de son dévouement : après avoir rappelé que c'est lui, qui le premier, à Loudun, a pris l'initiative de la création d'un hôpital, il énumère, avec une complaisance par trop vaniteuse, tout ce qu'il a fait pour cet établissement auquel il a consacré sa vie et sa fortune ; il a acheté de ses deniers personnels la maison des pauvres, l'a réparée et meublée, si bien que le 24 juin 1648, il a pu présenter au bailli un hôpital parfaitement aménagé et trois personnes pour soigner les malades. Mais là ne s'est pas bornée sa sollicitude ; il s'est institué le pourvoyeur de cette maison et, par ses démarches et influences, il lui a fait obtenir de nombreux secours. Par sa persévérance et son activité, il a su faire rentrer les sommes léguées aux pauvres, entre autres un legs de 800 livres fait par Magdeleine Dreux.

En 1654, quand il a rendu compte de son administration au bailli de Sainte-Marthe, la Maison de Charité lui était redevable de 545 livres 17 sols, somme qu'il lui laissa par charité ; les seize lits des malades et tout l'ameublement ont été donnés par lui ; « sy on faisoit un inventaire nouveau, non seulement il se

---

(1) Décédé à Rigny, paroisse de Claunay, et inhumé aux Carmes de Loudun le 14 septembre 1659 (Reg. d'état-civil de Claunay).

(2) Moreri donne la généalogie d'une famille Le Bret, dont plusieurs de ses membres firent partie du Parlement ; le nom de notre bienfaiteur n'y figure pas ; par contre il le cite en 1656-1658, comme huissier de l'ordre du Saint-Esprit.

trouveroit remply de la valleur de lad. somme de 800 l.; mais encore de plus de 2500 l. d'augmentation, en comprenant le prix de la bibliothèque du dict sieur Mignon qu'il y a logée et quy a dessein, sy on veut faire subsister la dicte maison, d'y donner pour l'usage et contentement des gens doctes et pieux quy, par cet attraict, pourront estre induictz à visiter les malades et à faire soustenir le maintien de cette maison chrestienne. »

Cette année 1662, pour la première fois depuis l'établissement de l'Hôpital, le receveur a arrêté ses comptes; pendant ces quatorze années et demie, les recettes s'élèvent à 5449 l. 15 s. en deniers et 247 setiers 9 boisseaux en blé; les dépenses en deniers à 5763 l. 18 s. et en blé à 227 setiers; ce qui paraîtrait invraisemblable pour avoir pu nourrir et entretenir les vingt personnes qui sont chaque jour dans l'hôpital, « sy le dict Mignon n'estoit prest à faire voir par les registres de despence de la dicte Maison faicts chacun jour, tant par Anne Gogry que autres économes depuis sa mort, que, dans les dictes quatorze années et demie, il s'est despencé plus de dix mille livres et il s'en trouveroit encore davantage si l'on n'eust retranché quatre licts de malades depuis un an et demy; en quoy mesme le dict sieur Mignon ne comprend point encores plusieurs autres despances qu'il a faictes de son chef, outre celles cy-davant cottées, non plus que plus de 200 l. qu'il luy a cousté à faire exempter et privilégier Me Pierre Gaultier, appothicaire de la dicte Maison et à faire confirmer son exemption par un arrest de la Cour des Aydes ».

Mignon termine en disant qu'il a eu pour but de leur montrer un tableau aussi exact que possible de la situation matérielle de l'hôpital; mais ce tableau, quelque noir qu'il soit, ne doit point décourager la charité; il espère, au contraire, que la vue de cet état précaire « réveillera l'assoupissement des insensibles aux misères de leurs semblables. » Il leur demande de donner l'exemple en dégrevant de la taille les médecins, chirurgiens et apothicaires qui donnent gratuitement leurs soins et leurs remèdes aux malades, et en exemptant de la charge de collecteur le colon de la métairie de Seneuil (1); « enfin, Messieurs, l'atten-

(1) Peu de temps après l'acquisition de la métairie de Seneuil, le colon qui la cultivait depuis douze ans fut nommé collecteur du sel « et on a tant exercé de rigueurs sur luy, qu'après plusieurs mois de séjour dans la prison et beaucoup de frais, il en est sorty malade et est encore à présent en péril de mort »; sa femme était morte à la peine.

tion que vous devez prendre pour le maintien de cette maison, doibt vous estre d'autant plus à cœur que vous voiez à vos yeux un accroissement extraordinaire de la ruine du peuble et qui, par cette ruyne demeurant affaissé de maladies, ne peult estre secouru que dans les hospitaux que pour cela on peut nommer *secundas post naufragium tabulas* et seroit à désirer que celuy-ci allast toujours sy bien croissant en commoditéz que, dans quelques années, on y peust voir cent lictz, car ils seroient bientost remply de malades : *beatus qui intelligit super egenum et pauperum in die malà liberabit eum Dominus;* psal. 40.

MIGNON, 1662 (1).

L'établissement d'une bibliothèque publique que Mignon, dans ce rapport, se proposait d'installer à l'hospice, est un fait curieux à signaler; par son testament de 9 avril 1672 il la réglemente ainsi : les livres seront enfermés dans des armoires placées dans la chapelle et fermant à deux clefs; l'une des clefs sera confiée au doyen des chanoines de Sainte-Croix, l'autre à l'administrateur spirituel; ceux qui prendront des livres seront tenus de donner récépissé « et, si ce sont des enfants de famille ou personnes qui n'aient de biens, ils donneront répondant pour leur valeur »; en 1690, MM. Diotte et Jehanneau, chanoines de Sainte-Croix, réclamèrent l'exécution de cette clause du testament de Mignon; les administrateurs y consentirent et donnèrent une clef au doyen; à cette occasion, sur tous les ouvrages qui composaient cette bibliothèque, on inscrivit à la main au haut du titre : *Ex biblioth. nosocom.* (2) *Juliod. catal. inscript. 1690.* Nous dirons plus loin quel fut le sort de cette bibliothèque dont on rencontre encore quelques livres en Loudunais.

Les constatations de Mignon ne sont pas exagérées; en effet cette année 1662, la chaleur fut si intense que les blés ne purent être ensemencés; il en résulta une grande disette suivie, comme toujours, d'une épidémie meurtrière, « qui rend les paroisses dé-

(1) Original, *Arch. de l'Hospice.*
(2) *Nosocomium* : hôpital.

sertes et faict habandonner les villes en réduisant les autres à la mendicité, n'y ayant plus de trafic en la dite ville de Loudun et pays de Loudunois, la manufacture des glands ayant cessé (1). » La population ne pouvant acquitter les impôts, Pierre Montault, sieur de Brou, président au grenier à sel, fut chargé, en août 1663, de procéder à une enquête sur la misère du pays : chacune des 39 paroisses comprises dans le grenier à sel de Richelieu, fut l'objet d'un procès-verbal spécial ; le résultat de cette information fut partout identique et le commissaire enquêteur conclut au dégrèvement.

Ce rapport ne paraît pas avoir eu de résultats immédiats en ce qui concerne les exemptions de taxes réclamées par Mignon ; ce ne fut que le 9 janvier 1664 que les habitants s'assemblèrent devant Patrix, bailli du Loudunais, et lui représentèrent leur intention de dégrever ceux d'entre eux qui donnent gratuitement leur temps et leurs soins aux malades de la maison de charité ; cette motion mise en délibération fut adoptée à l'unanimité et sous le bon plaisir de l'intendant, le médecin fut taxé à 100 sols de taille et un boisseau de sel ; le chirurgien, l'apothicaire et le fermier de Seneuil, chacun à 10 livres de taille et un boisseau de sel ; on les exempta de toutes les autres charges publiques.

***

Vers cette époque les établissements religieux s'étant multipliés outre mesure, Louis XIV, qui, tout en honorant le clergé, le tenait sous son entière dépendance (2), crut discerner un danger dans cet accroissement subit ; pour y porter remède ou tout au moins pour enrayer ce mouvement, il fit paraître en décembre 1666, un édit par lequel il interdisait à l'avenir de créer des établissements religieux ou hospitaliers sans sa permission préalablement obtenue ; il enjoignait en outre à ceux qui existaient déjà de solliciter des lettres patentes de confirmation, dans le but de diminuer leur nombre.

---

(1) *Arch. Com. de Loudun*. CC. — 16.
(2) Les évêques ne pouvaient faire imprimer leurs mandements et les livres de prières sans les avoir soumis à la censure royale.

La Maison de Charité tombait sous le coup de cet édit et l'obtention de lettres patentes était nécessaire ; à cet effet, les administrateurs, assistés du corps municipal, se présentèrent le 5 mai 1670, devant l'intendant de Touraine, Voisin de la Noiraye, dont l'avis devait accompagner la requête à présenter au roi ; ils lui retracèrent l'historique de l'établissement qui depuis sa fondation avait donné l'hospitalité à plus de 1600 malades, dont 150 seulement étaient décédés, et ajoutèrent que les nombreux dons faits aux cours des dernières années lui permettaient de se suffire à lui-même ; en conséquence ils le prièrent de vouloir bien émettre un avis favorable. Voisin prit connaissance des titres qui lui avaient été apportés et constata que le revenu annuel de l'hôpital consistait en 503 l. 2 s., 3 d. en argent ; 42 septiers de blé ; 20 s. de baillarge ; 8 à 10 pipes de vin ; 30 boisseaux de noix et tous les 6 ans, 3 à 4 milliers de fagots ; le tout représentant une valeur annuelle de mille livres. Ce revenu, joint aux aumônes ordinaires des personnes charitables, fut jugé suffisant, mais, avant de se prononcer définitivement, Voisin voulut visiter l'hôpital et la ville.

Le 27 août suivant, il se transporta à Loudun et accompagné des administrateurs, du corps municipal, des notables et de deux maîtres maçons, Pierre Nion et Jean Duverger, se rendit à la Maison de Charité, à l'entrée de laquelle il y a une porte-cochère ; « avons veu, dit l'intendant dans le procès-verbal qu'il rédigea à la suite de cette visite, que lad. maison conciste en une cour d'une médiocre estendue qui contient, suivant le rapport que nous ont faict lesd. Nion et Duverger, 42 piedz d'un sens et 48 de l'autre, dans laquelle il y a un puis et un couvert pour laver la laissive ; et avons ensuite veu que le bas des dits bastimens conciste en une cuisine et une chambre à faire les lessives et quatre autres chambres basses, deux selliers, un buscher, un lieu où est un pressoir à fouler la vendange et faire le vin et une cave. Et par le hault en une chapelle de 12 pas ou environ en carré garnie d'un hostel proprement paré, dans laquelle chapelle sont de grandes armoires remplies de livres avecq plusieurs tableaux, et en deux chambres pour les malades, dans l'une desquelles il y a cinq lits et dans l'autre dix, tous bien garnis ; trois chambres hautes, un grand grenier et un galletas. » L'intendant, satisfait de sa visite, parcourut ensuite la ville et reconnut qu'elle était une des plus grandes de la généralité et des plus remplies de menu peuple, de petits artisans et d'ouvriers ; en conséquence il fit savoir aux habitants qu'il appuierait leur demande et la délibération du 9 janvier 1664.

Munis de cette autorisation et de celle de l'évêque de Poitiers obtenue depuis longtemps, les officiers et habitants catholiques de Loudun adressèrent un placet au roi pour obtenir, en conformité de l'édit de 1666, les lettres patentes exigées. Après avoir montré les services signalés rendus à la ville par cette Maison de Charité devenue, grâce « à la conduite du sieur Mignon et de celle de plusieurs personnes d'honneur et de condition qui y donnent leurs soins, une des plus nécessaires et des mieux réglées de celles de la généralité », ils insistent sur son utilité au point de vue de la conversion des protestants, dont beaucoup ont déjà été ramenés à la foi catholique par les prêtres attachés à cet établissement, et terminent en priant le roi de vouloir bien couronner cette œuvre de charité en lui octroyant sa confirmation (1).

Cette requête fut entendue et quelques mois après Louis XIV accordait les lettres suivantes :

LOUIS, par la grâce de Dieu, roy de France et de Navarre, à tous présens et à venir, salut.

Comme à l'imitation des roys nos prédécesseurs, il n'y a rien que nous souhaitions tant que de contribuer au soulagement des pauvres et pourvoir à leurs nécessitez (2), inclinant à l'humble supplication que nous ont faites nos bien aimez les habitants de nostre ville de Loudun, à ce qu'attendu nostre édit du mois de décembre 1666, qui ne permet aucuns establissemens d'hopitaux, n'y communautéz, sans nostre expresse permission, il nous plaise en agreant celuy que la charité, en l'année 1648, leur inspira d'establir en la dite ville du consentement de nostre amé et feal le sieur Evesque de Poitiers (qui a reussy sy heureusement à l'édiffication publique qu'aujourd'huy les pauvres y trouvent de grands secours, consolations et guérisons) le vouloir confirmer, d'autant plus qu'il est fondé sur des donnations et moiens de le faire subsister, soubz

(1) Pièce signée : Patrix, bailli ; Chevreau, président ; Philbert, lieutenant criminel; Roy, lieutenant civil ; Naudin, avocat du roi ; Rogier et Aubineau, conseillers ; Aubry, ancien lieutenant à la Prévôté ; Diotte, procureur du roi en l'élection ; Chauvet, assesseur ; Normandine, avocat ; Pasquier, élu de ville ; Chesneau ; Huet ; Clément ; Normand ; Laurent ; Chevallier ; Briand ; Leblanc ; Petit ; Thibault. (*Arch. de l'Hosp.*)

(2) Un édit de juin 1662 ordonnait la création dans toutes les villes et faubourgs du royaume « d'un hospital pour y loger les pauvres mendiants invalides natifs des lieux ou qui y auront demeuré pendant un an, comme aussi les enfants orphelins ou nés de parents mendiants. »

nostre bon plaisir, sans estre à charge à qui que ce soit, ainsy qu'ils ont justifié à nostre aussy amé et feal, le sieur Voisin de la Noyrais, conseiller en nos conseils, maistre des requestes ordinaires de nostre hostel et intendant de la justice ès provinces de Touraine, Anjou et Le Mayne, estant sur les lieux; lequel d'un mesme esprit de charité se seroit transporté dans cet hospital accompagnés de nos principaux officiers et habitants susdits. En sorte qu'informé de la necessité qu'il y a de le maintenir pour le bien et utilité de la dite ville et lieux circonvoisins, *sçavoir* faisons que, desirant l'accomplissement d'un sy bon œuvre et après avoir fait veoir en nostre conseil l'advis sur ce à nous donné par le dict sieur Voysin, cy-attaché soubz le contre-scel de nostre chancellerie, *avons* de grâce spéciale auctorizé et confirmé et, par ces presentes signées de notre main, autorizons et confirmons l'establissement du dict hospital en nostre dicte ville de Loudun, ensemble tout ce qui est contenu au dict advis que nous voullons avoir entier effet, ce faysant que les directeurs d'iceluy et ceux qui leur succederont en ayent la conduite, administration et police avec pouvoir d'accepter tous dons et legs que la piété d'aucuns bienfaicteurs y voudront faire; lesquelz ainsy que le dict hospital et ses dépendances nous avons pris, mis, prenons et mettons en notre protection et sauvegarde et comme à Dieu dédiéz, amortis et amortissons, sans néantmoins que cet amortissement passe au delà des fonds sur lesquels sont ou doivent estre bastis et éddifiéz l'Église et maison pour loger les dicts pauvres, leur enclos et lieux y servans, pour lesquels fonds, en cas qu'il y en eust dans nostre mouvance et conséquamment nous en fust deub quelque finance ou indemnité, nous en avons aux dicts pauvres faict don et remis par ces dictes présentes, sans préjudicier toutes fois aux seigneurs en la censive desquels le dict hospital pouroit avoir acquis héritages et à la charge que les dicts administrateurs seront tenus, tous les ans, les jour et feste de Sainct-Louis, de faire dire et célébrer un service solennel en la dicte église pour la prospérité de nous et de nostre Estat.

Sy donnons en mandement à nos améz et feaux Conseillers, les gens tenant nos cour de Parlement et Chambre des Comptes à Paris, bailly de Loudun ou son lieutenant et à tous autres nos officiers qu'il apartiendra que ces présentes ils ayent chacun à faire enregistrer et du contenu en icelles, jouir et disposer le dict hospital par ses directeurs, plainement, perpétuellement et paisiblement, sans souffrir qu'il leur soit faict, mis ou donné aucun trouble ou empeschement au contraire, car tel est nostre plaisir, et affin que ce soit chose ferme et stable à toujours, nous avons faict mettre nostre scel à ces dictes présentes.

Donné à Versailles, au mois d'avril, l'an de grâce 1671 et de nostre règne le XXVIIe.

LOUIS.

Pour le roy,

PHÉLIPEAUX.

Avant d'enteriner ces lettres, le Parlement exigea, par arrêt du 8 juillet 1671, un supplément d'enquête ; le 14 août suivant le bailli Patrix, qui en fut chargé, reçut les dépositions de divers notables qu'il avait fait citer : Pierre Forget, curé de Sammarçolles et archiprêtre du Loudunais, interrogé un des premiers, déclare parfaitement connaître l'hôpital qu'il visite fréquemment ; il a pu voir que les malades y sont fort bien traités. Plusieurs de ses paroissiens, incarcérés pour n'avoir pu acquitter leurs impôts — ce qui arrive fort souvent, ajoute-t-il, — étant tombés malades en prison, ont été transportés à l'hôpital où ils ont reçu les soins que réclamait leur état ; il a entendu dire que cet établissement possède un revenu capable d'entretenir 15 ou 20 malades et qu'on peut y loger 30 à 40 pauvres ; à son avis sa suppression causerait à la ville un immense préjudice. Suivent les dépositions de Julien Tarrier, chapelain de Crué, Louis Mauxion, curé de Beuxes, Pierre Montault, président au grenier à sel, Charles Clément, commissaire à la maréchaussée, Charles-Honoré Mesmin, s[r] de Silly, qui confirment les dires de l'archiprêtre.

Deux jours après les habitants à nouveau assemblés sous la présidence de Patrix, se prononcèrent pour le maintien de l'hôpital ; en conséquence le Parlement, puis le bailliage enregistrèrent les lettres d'avril 1671.

Le 15 septembre de cette même année, Gilbert de Clerambault, évêque de Poitiers, renouvela les autorisations données par ses prédécesseurs et confirma Mignon dans sa charge de directeur spirituel.

***

Parmi les plus précieuses recrues gagnées par Mignon à la cause de la Maison de Charité, nous devons une particulière mention à Marie Ravenel (1), veuve de Michel Le Loup, sieur de la

---

(1) Marie Ravenel, fille de Jean, sieur de la Richardière et de Gillette Nouail, née en Saint-Martin de Vitré le 4 juin 1625, est décédée en Saint-Etienne de Rennes le 25 mars 1695.

Mariée en premières noces, par contrat du 30 juin 1639, à Guy Ferron, écuyer, seigneur du Quengo, dont elle a eu une postérité continuée jusqu'à nos jours ; en secondes noces par contrat du 30 mai 1655, à Michel Le Loup ou Le Lou, sieur de la Motte-Glain et de la Haye, conseiller au Parlement, depuis 1607, qu'elle perdit à Rennes et qui fut inhumé aux Carmes de cette ville le 28 novembre 1662.

(Note communiquée par M. le marquis de l'Estourbeillon de la Garnache, qui nous permettra de lui adresser nos très vifs remerciments.

Haye, que l'on peut considérer à juste titre comme la plus grande bienfaitrice, après Mignon, de la Maison de Charité. Cette dame, qui habitait Rennes, vint s'établir à Loudun en 1669 (1) ; elle y fut sans doute amenée par les relations très suivies qui existaient alors entre la haute société de Rennes et la fameuse supérieure des Ursulines, Jeanne des Anges (2).

Mignon, la plupart du temps, cloué dans son lit par la maladie et les infirmités, n'était plus le remuant personnage d'autrefois, aussi l'intérêt tenu jusque là en haleine par son activité commençait-il à se détacher de son œuvre et l'hôpital abandonné de ses bienfaiteurs ordinaires allait se trouver dans une position critique, quand arriva madame de la Haye. Prenant en main la cause des malheureux, elle sut par un zèle infatigable, conserver à la Maison de Charité toutes les sympathies publiques et lui attirer un grand nombre de dons ; elle même donna l'exemple en fondant un lit le 8 mai 1670.

Au nombre de bienfaiteurs de cette époque, nous signalerons Marie Bailot, veuve de René de la Haye, ec[er], s[r] de la Barinière, qui donna une rente de 50 livres ; Marie Lemoine qui fit don de 1500 livres ; Jean Martin, serger, et Neommoise Fouquet, sa femme, qui abandonnèrent tous leurs biens à condition d'être pris comme domestiques à la Maison de Charité.

Le commandeur de Loudun avait, aux débuts de l'hôpital, conformément au vœu des habitants, tranformé l'aumône habituelle qu'il donnait aux pauvres, deux fois par semaine, en une somme fixe qu'il payait à chaque année à la Maison de Charité ; plus tard ses successeurs trouvant cette charge trop onéreuse cessèrent d'acquitter cette redevance. Les administrateurs portèrent plainte aux officiers de ville qui firent saisir les revenus de la commanderie. Le commandeur prétendant que le revenu de son bénéfice ne pouvait supporter une aumône de cette importance, engagea un procès bientôt terminé par une transaction : le 28 février 1676, Gabriel Thibault de la Carte, chevalier de l'ordre de Saint-Jean de Jérusalem, commandeur des commanderies de Loudun, Moulins et les Espeaux, céda à la Maison de Charité un

(1) 1669 (2 août). Bail d'une maison à Loudun par Guillaume Rouger, conseiller, à Madame de la Haye-Le Loup (Repertoire d'Aubery, notaire à Loudun).
(2) Cf. *Cte de Palys. Les dames Bude.* Rennes, Pilhon et Hervé, 1891.

champ de 14 setrées, sis au Champ du Quartier, moyennant quoi il fut déclaré quitte à l'avenir de toute redevance (1).

Son successeur, le commandeur Marteur, contesta la validité de cette transaction ; ayant consulté à ce sujet un habitant de Loudun, celui-ci lui répondit : « frère Martel, vous êtes vous-même par vos vœux un pauvre qui avez du superflu, pourquoi ne voulez-vous pas le laisser à vos semblables ? Martel crut cet homme de bon sens et ne pensa plus qu'à laisser les choses dans l'état où il les avoit trouvées (2). »

***

L'hôpital fondé par Mignon répondait à un réel besoin, aussi était-il rapidement devenu insuffisant et déjà, avant 1677, époque à laquelle nous arrivons, il avait été souvent question, en assemblée de ville, d'en construire un plus spacieux. La solution de ce projet avait jusqu'alors été différée par la question d'argent, les revenus de la ville ne permettant pas cette dépense. A l'arrivée de Madame de la Haye, le projet fut repris ; les fonds commençaient à affluer et son exécution n'était plus qu'une affaire de quelques années, quand un fait indépendant vint brusquer cette résolution.

Les protestants, dont le parti était encore puissant, voyaient chaque jour diminuer leurs prérogatives ; chaque année leur enlevait quelques privilèges : en 1661, on avait interdit les colloques, l'année suivante, les synodes nationaux. On s'en prit bientôt aux intérêts matériels : un édit de 1665 annula les lettres de maitrises ; ce fut le signal de l'émigration. A Loudun, exclus naturellement de toutes les charges publiques, les protestants ne possédaient plus de leurs anciens privilèges que le droit de tenir écoles et de posséder un temple. Ce temple qui s'élevait au coin de la rue Villecour et de la rue de la Croix-Bruneau avait été édifié en 1576 sur un terrain appelé le Cousin ; démoli l'année suivante

(1) Arch. de l'Hosp.
(2) *Dumoustier*, 2e partie, p. 24.

par les catholiques, il ne fut reconstruit qu'en 1589 ; c'était un monument remarquable pouvant contenir deux à trois mille personnes (1).

La fermeture du temple et des écoles était le seul objectif du parti catholique : déjà, en 1664, Naudin, avocat du roi au bailliage, avait fait « assigner les protestants pour exhiber les titres en vertu desquels ils jouissaient d'un temple dans le milieu de la ville et du droit d'enseigner les langues grecques et latines. Les réformés recusèrent le bailli comme incompétent dans cette affaire, parce qu'ils avoient des commissaires de partis dans les provinces devant lesquels ils pouvoient se pourvoir. Tous ces procédés de la part de Naudin ne tendoient qu'à faire détruire le temple. Le premier moyen qu'il employa étoit la nullité de la cession que Boisguerin avoit fait, en 1618, du droit de franc-fief pour le lieu où il avoit été bâti, parce que cet acte avoit été passé pendant la saisie de Bois-Preuilly, d'où relevoit ce temple. Le second moyen étoit que, dans le moment de sa plainte, ce lieu appartenoit à un catholique (2). » Ces deux moyens parurent si peu fondés que de la Cour on ne fit aucune réponse au mémoire envoyé par Naudin.

Cet insuccès ne fit qu'exaspérer les catholiques qui firent surgir une nouvelle difficulté, prétendant que les chants des protestants dans leur temple troublaient la célébration du service religieux dans les églises des Carmes (3), de la Visitation (4), des Cordeliers (5) et des Capucins (6). L'intendant vint procéder à une enquête et n'eut pas de peine à se convaincre que cette plainte n'était pas fondée. Furieux de ces échecs successifs, les habitants catholiques cherchèrent le moyen d'en tirer une vengeance éclatante et d'arriver à leurs fins : édifier une chapelle à la porte du temple était le procédé tout indiqué et comme à cette époque il était question de construire une nouvelle Maison de Charité, ils saisirent cette occasion et arrêtèrent en secret d'édifier cet établissement à côté du temple ; comprenant nécessairement une chapelle, il répondait au but cherché ; cette fois on entendrait le chant des psaumes !

(1) *Arch. nat.*
(2) *Dumoustier*, première partie, p. 146.
(3) L'église actuelle du Martray.
(4) Les religieuses de la Visitation occupaient alors les bâtiments, aujourd'hui détruits, de Saint-Florent, rue du Martray.
(5) L'Hôtel de ville à été construit sur l'emplacement de ce monastère.
(6) Ce couvent existe toujours à l'extrémité de la rue qui porte ce nom.

Pour donner à ce projet une couleur légale, les catholiques obtinrent du roi, le 17 janvier 1677, une lettre de cachet enjoignant à Tubeuf, intendant de Touraine, de se transporter à Loudun, ou d'y déléguer « quelque personne fidèle ou de piété » pour choisir l'emplacement du nouvel hôpital avec pouvoir de « lever les obstacles qui pourroient être apportés par ceux de la R. P. R. » Le 5 avril 1677, Tubeuf confia cette mission au bailli Patrix.

Le 13 du même mois, Patrix et le bureau de la Maison de Charité, escortés des médecins et des notables, jouant une comédie concertée à l'avance, parcourent la ville à la recherche d'un emplacement pour le nouvel hôpital. Ils s'arrêtent tout d'abord au carrefour de la Croix-Bruneau devant une maison appartenant à la veuve d'Antoine Olivier, s[r] du Moulin Neuf (1) ; mais un membre de la commission fait remarquer que cet immeuble est enclavé dans d'autres batiments qui, ne pouvant être utilisés à cause de leur vetusté, devraient être abattus et que par suite la construction d'un hôpital dans ce lieu serait trop onéreuse. Continuant leur promenade, ils se transportent dans la maison de l'ancien jeu de paume de l'Oison Bridé (2), rue du Portail-Chaussé ; ici un médecin représente que cet endroit, un des plus bas de la ville, serait fort malsain pour les malades et que de plus les Ursulines, déjà établies dans cette rue, empêcheraient plus tard tout agrandissement. Ils repartent et arrivent enfin au carrefour des Chalumeaux, près du Temple : là, quatre rues forment, en se coupant une sorte d'île qui, au dire de tous les assistants, remplirait toutes les conditions requises ; cet emplacement est, en effet, fort proche des églises, du cimetière et des fontaines ; l'hôpital du reste y possède déjà une maison. Après avoir consulté les personnes présentes, le bailli proclame que cet endroit est définitivement choisi et fait mesurer l'île : on trouve 51 toises par le devant, le long de la Grand'Rue (3) ; 41, par derrière, le long de la rue Pareau (4) ; 33 du côté de la rue Villecour et 22 du côté de la rue des Chalumeaux (5).

---

(1) Famille protestante : Marthe et Marie Olivier de Moulin-Neuf furent renfermées pendant 15 ans dans le couvent de l'Union chrétienne. Leurs père et mère avaient été assassinés et jetés dans un puits ; (supplique originale de Jean Desrues, époux de Marthe Olivier).

(2) Ce jeu de paume se trouvait à l'angle de la rue du Portail-Chaussé et de la rue de la Mairie.

(3) Rue de la Croix-Bruneau.

(4) rue disparue.

(5) Aujourd'hui rue de l'Hospice.

Sur le champ, on décide que les propriétaires des immeubles compris dans cette île seront assignés le 28 avril devant le procureur du roi pour procéder à l'estimation des logis et jardins dont la cession est nécessaire. Ces propriétaires étaient la veuve de Beauregard, née Corbeau ; Jeanne Sasserie, veuve de Pierre Fournier, s^r de Fernault ; Marthe Champion, femme de Pierre Cesvet ; Isaac Boisnier, apothicaire à Saumur, tous protestants, et et Philippe Couppé, pasteur ;

Au jour dit, tous se présententent devant le procureur du roi : la veuve de Beauregard prétend qu'elle n'est qu'usufruitière ; la demoiselle Champion dit qu'elle ne possède, d'un des immeubles à acquérir, qu'une part indivise avec ses parents qui habitent l'Angleterre et qu'elle n'entend pas vendre sa part ; Boisnier et Couppé disent que leur maison provient de la succession de Daniel Couppé, pasteur à Loudun, et qu'ils ne veulent pas l'aliéner ; la demoiselle Fournier refuse aussi « parce que la poursuite qui est faite par le procureur du roi et les administrateurs de la Charité n'est que pour quelques intérêts particuliers, estant constant que ce lieu qui a ésté choisi n'est en aucune façon commode pour y construire une Maison de Charité. »

En même temps Gabriel Leclerc, procureur des habitants réformés, assisté de Paul Aubry, avocat, présente au procureur du roi, l'opposition de ceux de la R. P. R. adressée au bailli et apostillée par lui ; malgré la longueur de cette curieuse pièce, entièrement inédite, nous croyons devoir la reproduire ici dans son entier, comme preuve de ce que nous venons d'avancer :

« A Monsieur le bailly de Loudunois, juge subdélégué par Mgr Tubœuf, chevallier, conseiller du roy, maistre des requestes ordinaires de son hostel, commissaire desparty pour l'exécution des ordres de S. M. en la généralité de Tours.

Supplient humblement les habitans de cette ville de Loudun faisant profession de la R. P. R. et vous remonstre qu'ils ont appris la signiffication qui a esté faites à quelques particulliers propriaitaires de certaines maisons cittuées entre le carrefour des Chalumeaux et le temple dans lequel les supplians font leur exercice, de l'ordonnance de mondit seigneur Tubœuf portant vostre subdélégation et de vostre ordonnance rendue le 13e de ce moys avecq assignation à ce jour, mercredy 28e de ce moys, à l'heure de dix du matin, pour convenir d'experter aux fins de l'estimation et prizée de leurs dites maisons que les sieurs directeurs de l'hospital ou maison de charisté de cette ville ont formé un desseing de faire bastir et construire une maison de charitté pour retirer et faire traiter les mallades dans l'espace et isle qui est composée de toutes les maisons des dits particulliers, avecq une chappelle ou esglize pour la commodité des dits mallades et que ce lieu a ésté cho sy comme le plus commode et le plus propre par Mr le procureur du roi à ce siège et par les dits sieurs administrateurs. Ce quy ne peut avoir esté fait dans la seulle pensée de subvenir aux nécessitéz des pauvres et de choisir un lieu qu'il leur soit le plus propre et le plus commode, mais plustost par dessin formé d'incommoder les habitans de la R. P. R. et de ce preparer des subjectz de plaintes contre eux, soubz pretexte que leur temple se trouvant proche et joignant la dite maison de charité, les pauvres pouroyent estre incommodéz et le service qui seroit fait dans la dicte esglize ou chappelle de la dite maison seroit troublé par les chants des psaumes et autres exercices de ceux de la R. P. R.

Ce que les dicts sieurs administrateurs ont sy bien recongneu que desjà dans la commission qui vous a ésté adressée, il parroist qu'ils ont fait entendre à mon dit seigneur Tubœuf que ceux de lad. R. P. R. pouroyent aporter quelques obstacles à l'establissement et construction de la maison de charité, ce quy ne peut estre expliqué que du lieu par eux choisy, puisque les supplians n'ont et ne peuvent avoir intansion ny interrestz de s'oposer au dit establissement en tout autre lieu de cette ville que dans celuy ou il s'agist.

Vu mesme que dans l'instance intentée par le sieur syndicq du clergé de la dite générallité de Tours par devant MM. les commissaires pour connoistre des contravansions à l'Edit de Nante, le dict syndicq a fait plaincte contre les supplians de ce qu'il prétendoit que le service qui se fait dans les esglises des Capussins, de la Visitation, des Carmes et autres esglizes estoit troublé par les exercices de ceux de lad. R. P. R., à cause de la proximité de leur temple basty et construict entre les dites esglizes ; a quoy ceux de lad. R. P. R. ayant soubstenu que cette plaincte estoit sans fondement que les dictes esglizes estoient assez éloingnée du dict temple et que le service de l'esglize catholicque ne pouvoit estre troublé par leurs exercices, joinct que les dites esglizes des Capucins et des religieuses de la Visitation estoyent nouvellement construites et longtemps depuis le dit temple ; Et Mgr Voisin, lors intendant, s'estant transporté sur les lieux et ayant recongneu qu'il n'y avoit aucun fondement en cette plainte, les dits sieurs administrateurs et autres personnes mal intentionnéz contre le repos dont les supplians jouissent, soubz l'autorité du roy, dans leur exercice, ont médité soubs pretexte de l'establissement d'une maison de charité de construire une esglize ou chappelle proche le dit temple, afin de se servir de cette occasion pour continuer leur plaincte, du trouble quy, effectivement, seroit fait au service de la dite esglize ou chappelle et de l'incommodité que les pauvres en recepvroyent, et pour cet effect se sont engagés dans l'acquisition d'une petite maison et jardin dans la dite isle, avant qu'il en eut ésté faict aucun choix ny eslection, ce qui justiffie avecq esvidance que la prétendue eslection quy en a esté faite en vostre présence, par mon dit sieur le procureur du roy et les dits sieurs administrateurs, est une pure illusion et que le dit choix estoit concerté et arresté avant que vostre commission vous eust ésté adressée et que les dits sieurs administrateurs n'ont employé l'autorité de S. M. pour faire faire le choix et eslection d'un lieu commode, que pour faire mieux réussir à leur entreprise.

Et d'autant qu'ilz ont bien jugé que le grand intérest que les supplians ont de s'opposer à cet établissement pour éviter les inconvenians qui en pouvent arriver, les fera indubistablement agir. Ce quy est sy véritable, que la proposition ayant ésté faite dans l'hostel de ville de changer la maison de charisté du lieu où elle est bastie et de l'establir en quelque autre lieux plus spacieux, et plusieurs androicts de cette ville ayant ésté désignés et indiqués, il fut convenu d'un commun accord que la dite maison de charisté ne pourroit estre establie au lieu pretendu choisy par les dicts sieurs administrateurs, qu'il y avoit plusieurs autres lieux en cette ville quy seroyent beaucoup plus propres et commodes pour plusieurs raisons :

La première que l'espace ou isle dont il s'agit estant composé de six ou sept maisons qu'il faudrait achepter leur juste valleur, la despance seroit très grande, d'aultant qu'aucune des dictes maisons ne pouroit estre conservée et qu'il faudroit de necessité les ruiner et desmollir pour en construire d'autres à grands fraicts, les mattières n'estant pas considérables et estant de peu de valleur et presques inutille pour la construction des bastimants qu'il conviendroit faire, tant pour les pauvres que pour les gardiens et autres personnes proposéz pour le soullagement des mallades et pour la construction d'une esglize ou chappelle.

La seconde que cette isle est esloingnée des dehors de la ville, que les immondices et ordures qui sorte des pauvres mallades seroyent capables d'infecter toutte la ville, ne pouvant estre jettées ny transportées au dehors.

La troisiesme que cette isle estant toutte entourée d'esglizes paroischialles de Sainct-Pierre du Marché et de Saint Pierre du Martray, des Carmes, des Capusins, des Jésuistes (1), des religieuses de la Visittation, des Cordeliers, et du Seminaire (2), tous les habitans catholiques de cette ville peuvent assister à tous les exercices de la dite religion facillement et à leurs portes, de sorte que l'esglize ou chappelle quy seroit éddiffiée dans la dite isle ne leur apporteroit aucune commodité et advantage.

La quatriesme que dans tout le quartier de la Porte de Mirbeau, quy compose presque la moityé de la ville, qui est sans contredit le plus peuplé où il n'y a pas une seulle ésglize, de sorte non seullement les habitans du dit quartier, mais encore tous les habitans du faubourg, quy est de grande estendue et aussy fort peuplé, ne peuvent assister à aucun service, ny aller à la messe que avecq une très grande payne dans des lieux fort esloingnées, tellement que sy on considéroit la commodité et advantage des dits habitans catholiques, il seroit bien plus à propos d'establir la dite maison de charité dans le quartier de la Porte de Mirbeau.

(1) Les Jésuites possédaient le prieuré de Notre Dame du Château.
(2) Le couvent de l'Union chrétienne.

La cinquiesme que dans le dit quartier de la Porte de Mirebeau il y a une forte belle maison bien bastye, sepacieuse et de grande estandue, dans laquelle il ne seroit necessaire de faire que fort peu de despances, laquelle joinct aux faussez de la ville par le derrière dans l'endroit ou il y a toujours de l'eau, auquel on pouroit jetter tous les immondices sans que les habitans de la ville et des faubourgs en reçeussent aucune incommodité et laquelle maison seroit donnée à vil prix et est en aussy bon air que aucun autre lieu de cette dite ville.

La sixiesme est que les eaux du dit quartier de la Porte de Mirbeau sont très bonnes tant pour boire que pour laver et sont esgales à celles des fontaines du Martray, ce quy est sy vérittable que la plus grande partye des habitans de la haulte ville se servent des dites eaux plutost que celles des fontaines.

La septiesme est qu'il y a un autre lieu au quartier de la Porte de Saint Nicollas au dessus de l'esglize des Capucins quy conciste en maisons de vil prix, grands jardins et treilles, fort sepacieuses, qui joinct aussy aux murs et fossez de cette dite ville, et où seroit facille de faire une sortie pour jetter les ordures et immondices et pour aller aux fontaines du Moullin-Patron quy sont excellentes et fort proches du fossé de la dicte ville.

Le huictiesme que sy les dits sieurs administrateurs veullent que leur maison soit plus advancée en la ville il y a près les Cordeliers (1) un jeu de paume (2), autour duquel il y a des maisons et des jardins sepasieux qui sont à très vil prix et dont les seulles mattières sont de plus grande valleur que le prix des dites maisons.

Par toustes lesquelles considérations il est facille de juger que l'affectation que les dits sieurs administrateurs font paroistre dans l'établissement qu'ils ont entrepris de faire une maison de charité dans le lieu par eux pretendu choisy et marqué, ne proceddent que de leur mauvaise vollonté et de l'inclination qu'ilz ont à troubler le repos des supplians, joinct les moyens et interrests particulliers des propriétaires des maisons qui composent la dite isle, quy ne peuvent estre raisonnablement forcés à vandre leurs maisons sans une nécessité absollue.

A ces causes, mon dit sieur, il vous plaise recepvoir les supplians partyes intervenantes et leur donner acte de l'opposition qu'ils forment à l'establissement et construction de la dite maison de charité, esglize ou chapelle au dict lieu pretendu marqué ou choisy par les dits sieurs administrateurs pour les raisons moyens cy dessus et autres qu'ilz pouront desduire en temps et lieu et ordonner qu'au moien de la dite intervention et opposition conformément à l'ordonnance de mon dit seigneur Tubœuf, il sera dressé procès verbal contenant les moyens de la dite intervantion

---

(1) V. n. 5, page 74.

(2) Ce jeu de paume était contigu à la maison de Théophraste Renaudot ; la rue où il se trouvait porte aujourd'hui le nom de Rues du Jeu de Paume.

et opposition pour estre renvoyé pardevant mon dit seigneur Tubeuf afin d'y faire droict.

Et vous ferez justice.

LE CLERC, procureur.

Acte de l'opposition et intervention, ordonne qu'elle sera communicquée au procureur du roy pour, luy ouy, estre fait droit ainsy qu'il appartiendra.

à Loudun ce 28e avril 1677.

PATRIX, bailly du Loudunois

Veu la requeste présentée par les supplians et l'ordonnance de M. le Bailly.

Je n'empesche pour le roy estre dit que les dits habitans de la R. P. R. ne soyent reçues partyes intervenantes pour desduire leurs moyens d'opposition au procès verbal commencé, en rapportant, par préallable, par Le Clerc le pouvoir quil luy a ésté donné de presanter la présante requeste, attendu que ceux de la R. P. R. ne compose aucun corps séparé du général des habitans de cette ville

Fait à Loudun le 28e avril 1677

LEAUD, procureur du roy.

A ces conclusions Le Clerc, répond « que le consistoire de ceux de la R. P. R. étant composé d'un nombre considérable de ceux de lad. profession proposés pour avoir la conduite et administration de tout ce qui regarde l'intérêt de ceux de lad. R. P. R., lui et Aubry étant dud. consistoire n'ont besoin d'aucune procuration de tous les habitants, mais qu'il leur suffit d'avoir l'ordre et pouvoir de lad. assemblée » ; par suite il demande acte de son opposition et renvoi de l'affaire devant l'intendant.

A quoi le procureur du roi (1) replique que le choix de l'em-

---

(1) Ce procureur du roi, Leaud de Lignières, était à Loudun le chef du parti catholique ; comme tel il se signala par ses rigueurs et son acharnement lors de la révocation de l'Edit de Nantes : la nuit du 30 octobre 1685 quinze cents huguenots abjurèrent en masse.

Au cours de l'interminable procès soutenu par les habitants de Loudun contre le comte de Chastillon, au sujet du droit de minage qui appartenait à ce dernier comme seigneur du Bois Rogues, Leaud fut choisi par ses compatriotes pour défendre leurs intérêts en Parlement. A ce sujet il écrivait de Paris au syndic des paroissiens : « Je vous dirai, monsieur que je ne manquerai pas de faire la distribution comme vous me le marquez, de la flotte de chapons que l'on envoie ; si le secrétaire de Monsieur

placement n'a été fait ni par lui, ni par les administrateurs, mais par le bailli ; « que le prétexte de les incommoder en l'exercice de leur religion P. R. est imaginaire, le lieu choisi étant séparé de celui où est leur temple par une rue considérable (1) ; que c'est la bonne situation et commodité de cette île qui a été le motif de ce choix et que si les administrateurs ont exposé au roi que ceux de la R. P. R. apporteroient quelques obstacles à cet ouvrage ce n'a été que pour se prévaloir contre eux et les empêcher de ce qu'ils font de coutume d'apporter en ces sortes d'affaires » ; que si on leur reprochait de fatiguer les malades par le chant des psaumes, ce reproche ne serait pas fondé, car ils ne chantent que dans leur temple et qu'une ou deux fois par semaine ; que, du reste, il n'est pas prouvé qu'ils aient le droit d'avoir un temple au milieu de la ville ; qu'il n'est pas vrai qu'il ait été arrêté dans l'hôtel de ville, d'un commun accord que la charité ne pourrait être élevée qu'en ce lieu ; enfin constatant que Le Clerc ne rapporte pas le pouvoir demandé, il lui donne acte pour la forme, le renvoi devant l'intendant et néanmoins ordonne la nomination des experts pour parvenir à l'expropriation.

On nomma, pour les protestants, Pierre Belot, marchand, à Saint-Léger, et pour les administrateurs, Pierre Laurent, marchand, à Loudun ; ceux-ci n'ayant pu se mettre d'accord, un tiers expert fut choisi, le 22 mai suivant, en la personne de Pierre Tabart, marchand à Raslay, qui déclina cette mission disant « qu'il ne peut faire le serment de bien estimer et en conscience les logis et espaces en question n'ayant jamais demeuré en ville et qu'il appréhendrait que sa conscience et le droit des particuliers, y fussent intéressés ». Jean Martineau, marchand à Montbrillais, qui le remplaça, le 28 mai, fixa à 4460 livres le montant des sommes à payer aux expropriés.

---

le rapporteur avait été ici dans le temps que les chapons arriveront, je lui aurai envoyé ceux que l'on me destine. Si on veut lui donner on peut le faire, cela fera bon effet, mais ils les faut bons. (*Arch. com*).

Les chapons étaient-ils maigres ? Le mandataire s'acquitta-t-il mal de sa mission ? Toujours est-il que la ville perdit son procès et le comte de Chastillon resta en possession de ce droit qui se percevait sur toutes les marchandises amenées au marché de Loudun et qui constituait une importante source de revenu pour le seigneur du Bois Rogues, comme Leaud avait pu s'en convaincre pendant le procès. Aussi, quand quelques années après, le comte de Chastillon, criblé de dettes, dut vendre ses biens, le procureur du roi s'empressa-t-il d'acquérir, au prix de 47,000 livres, la terre du Bois Rogues et continua sans scrupules la perception du droit de minage sur ses malheureux compatriotes.

(1) La rue Villecourt qui devait séparer le temple de l'hôpital a 3 à 4 mètres de largeur !

Pendant ce temps l'opposition des protestants fut communiquée à l'intendant, puis au Conseil d'Etat qui, par arrêt du 20 novembre 1678, homologua le choix des administrateurs et ordonna aux propriétaires des immeubles compris dans l'île de les vendre pour les prix fixés par les experts, avec injonction de passer acte dans les 8 jours de la signification. Cette dernière formalité fut remplie le 13 décembre. Le 22 suivant, la dame Fourpier comparut seule devant Foucher, notaire ; les autres propriétaires firent défaut et, pour ne pas paraître s'incliner devant les ordres du roi, vendirent leurs immeubles à des tiers qui les cédèrent à leur tour aux administrateurs de la Maison de Charité ; seule la demoiselle Champion se laissa exproprier.

La construction de l'hôpital était commencée en avril 1679 : le 12 de ce mois les administrateurs présentaient requête au bailli pour leur permettre d'acquérir une parcelle de terrain : en creusant les fondations, les ouvriers avaient trouvé des caves et des sables mouvants, ce qui obligeait l'architecte à modifier ses plans et rendait nécessaire l'acquisition de ce jardin.

Ils n'existe pas dans les archives de l'hospice de documents sur cette construction et les architectes qui la conduisirent (1).

Les bâtiments de l'hospice ont été détruits l'année dernière ; ils consistaient en un seul corps dirigé de l'est à l'ouest, parallèment à la rue de la Croix-Bruneau, et présentant la forme d'un rectangle de 27 m. de longueur sur 12 m. de largeur ; le rez-de-chaussée était divisé en deux salles pour les malades ; les cellules des sœurs occupaient le premier étage ; par dessus régnait un immense grenier.

Au coin de la rue de la Croix Bruneau et de la rue Villecourt existent encore quelques vieilles maisons qui dépendaient de l'hospice ; certaines étaient louées à des particuliers ; dans l'une d'elles était installée la « ménagerie » de l'hôpital.

---

(1) Les minutes de Foucher, alors notaire de l'hospice, qui peut-être reçut le marché de construction, n'existent plus à Loudun ; v. *Etat des minutes des notaires de l'arrondissement de Loudun.*
Une liasse de testaments provenant de cette étude est conservée aux archives de la Vienne.

***

Aux termes du règlement de 1648, les administrateurs devaient tenir un registre d'entrée et de sortie des malades ; mais cette prescription n'a sans doute pas été toujours observée, ou ces régistres ont disparu, car nous n'avons retrouvé qu'un seul cahier de cette nature allant de 1679 à 1690 (1).

Ce curieux petit livre, très détaillé, nous apprend qu'on traitait à l'hôpital hydropisie, ruptures de bras et de jambes, fièvre continue, fièvres, maladie de vieillesse, fluxion sur les jambes, coliques, oppression d'estomac, « purésie », ulcères, « fisie et pulmonie,» faiblesse d'esprit, femmes en couches, goutte, « resipel au visage,» enfin les malades de misère et de pauvreté ; ces derniers étaient nombreux : 17 sur 38 entrées en 1679 ; 14, sur 84 l'année suivante.

En 1680, il y eut sur 84 entrées 12 morts ; en 1685, 68 entrées et 19 morts ; en 1686, 101 entrées, 27 morts ; en 1689, 53 entrées, 10 morts (2).

L'hospitalité s'étendait aussi aux étrangers de passage dans la ville ; nous relevons dans notre petit livre les entrées de Jean Nicolas, de Sarragosse, venant de Flandre avec le capitaine Trist, capitaine d'infanterie au régiment dom Diègue Raguo ; de Thomas Martin, de Vire, allant en pèlerinage à N. D. des Ardilliers (3) ; d'un ramoneur de la Savoie.

Enfin une note nous fait connaître que le 20 mars 1682, il y avait 21 malades dans les lits.

Pendant tout le temps que dura la construction de l'hôpital Madame de la Haye provoqua un grand nombre de dons : le 9

---

(1) Ce registre porte : 2e cahier.
(2) Les fièvres continues faisaient aussi beaucoup de ravages ; en 1680, 28 malades atteints de cette affection entrèrent à l'hôpital.
(3) A Saumur ; Loudun n'était pas précisément sur son chemin !

novembre 1679, Louis Caillieu, chirurgien, s'engagea à soigner gratuitement les malades et légua à la Maison de Charité tous les instruments nécessaires à l'exercice de son art, ainsi que ses domaines sis à Mazault; le 26 mai de la même année, Jean Martin, serger, et Néomoise Fouquet, sa femme, abandonnèrent tous leurs biens pour être reçus *domestiques* des pauvres ; l'an suivant, François Guinart donna une maison proche le collège, en la rue de l'Humeau Farasseau. Par délibération du 30 mars 1681, la ville, dont les finances n'étaient cependant pas en bon état, fit don d'une somme de 900 l. (1).

Le 26 septembre suivant, Perrine et Anne Biardeau (2) demandèrent, à cause de leur grand âge et de leurs infirmités, à être reçues, « dans l'hospital construit par les soins et dons gratuits de dame Marie Ravenel, veuve de la Haye-le-Loup » ; en retour elles abandonnèrent tous leurs biens aux pauvres. Par son testament du 28 juillet 1682, Marie Le Clerc, veuve de René Baillergeau, sieur de la Chappelle, « voulant reconnoitre les bons soins des administrateurs de la Maison de Charité où elle habite depuis trois ans qu'elle s'est convertie à la religion catholique et qu'elle a ésté abandonnés par son mari et son fils qui faisaient profession de la R. P. R. », leur donne tous ses meubles.

La construction de la Maison de Charité était entièrement terminée en 1683. Les frais couverts par les dons et aumônes recueillis par madame de la Haye s'élevèrent à la somme de 18,685 livres, sur laquelle 10,000 l. avaient été données par elle.

---

(1) En 1677, une somme de 9000 l. avait été imposée sur les habitants pour le double ustensile de 6 compagnies d'infanterie qui devaient prendre leurs quartiers d'hiver à Loudun ; pour faire face aux premières dépenses l'assemblée de ville contracta un emprunt de 900 l. Dans la suite, la somme de 9000 l. ayant été entièrement recouvrée par les collecteurs, on ne versa aux commissaire des guerres que 8100 l. et les 900 l. de surplus restèrent dans les coffres de François Mesmin, receveur des tailles, où on les retrouva après sa mort ; l'emprunt étant alors remboursé, les officiers de ville attribuèrent cette somme à la Maison de Charité.

(2) Elles étaient filles de René Biardeau, procureur, et de Perrine Lucas ; c'était au père de celle-ci, Michel Lucas, secrétaire du roi, maison et couronne de France et de ses finances, que Louis XIII avait donné, en 1622, conjointement avec d'Armagnac, les pierres et démolitions du château de Loudun ; aussi dans l'inventaire qui fut fait le 1er avril 1683 des biens qu'elles donnaient à la Charité trouvons-nous mentionnées plusieurs lettres patentes de ce roi et d'Henri IV (v. *Inventaire de pièces concernant le château de Loudun*, dans le *Journal de Loudun* du 2 mars 1890).

La construction du bâtiment neuf coûta.	11,318 l.
L'acquisition des 5 corps de logis, les réparations, droits de ventes et d'indemnités revinrent à	6,967
L'ameublement fut payé.	400
Total. (1).	18,685 l.
De plus pour mettre au courant les infirmières laïques on avait fait venir de Paris des religieuses de la Charité (2) qui étaient restées 8 mois à Loudun ; ce qui avait occasionné une dépense de. . .	343
Il restait encore dans la caisse de l'hospice une somme de 2300 l. qui devait être placée au profit des pauvres	2,300
Le total de ces sommes donnait le chiffre des dons recueillis par madame de la Haye.	21,328 l.

L'intéressant registre de comptabilité tenu par cette généreuse dame, dans lequel nous puisons ces détails, nous fait aussi connaître la consistance du revenu de l'hospice à cette même époque (1684) : la métairie et de Seneuil et les autres immeubles rapportaient annuellement. . . . . 440 l.

Les rentes foncières s'élevaient à	495
Enfin diverses sommes reçues et non encore placées devaient produire par an.	400
Ce qui donnait un revenu total de	1,335 l.

C'était avec cette maigre somme que Madame de la Haye, nommée supérieure pour la récompenser de ses services, devait pourvoir à la subsistance de 21 malades, 2 infirmières et un infirmier sans compter les nombreux journaliers nécessaires à l'entretien de l'établissement et les pauvres auxquels on ne pou-

(1) Dumoustier, deuxième partie, p. 34, prétend que l'hôpital revint à 40,000 l.; cette assertion est démentie par les chiffres ci-dessus dûs à Madame de la Haye elle-même ; il dit aussi qu'elle recueillit cette somme à Paris et à Rennes, en moins de trois mois.

(2) L'ordre auquel elles appartenaient n'est pas indiqué : peut être les Filles de la Charité fondée par Saint-Vincent de Paul et Louise de Marillac, veuve d'Antoine Le Gras, ou les hospitalières de la Charité de Notre-Dame instituées par Simone Gaugain.

vait refuser un morceau de pain, véritable tour de force que l'admirable esprit de charité de Madame de la Haye lui permettait seul d'accomplir.

Il est vrai que de toutes parts les encouragements ne manquaient pas : le 12 novembre 1683, Hardouin Fortin de la Hoguette, évêque de Poitiers, unit à l'hôpital les biens composant la dotation de la chapelle Saint-Nicolas fondée en l'église de Saint Pierre du Marché, le 1er août 1500, par Colas Thibault et Collette Vincent (1), à charge de célébrer les services ordonnés par les fondateurs. Le roi lui-même attribua annuellement à la Maison de Charité une somme de 100 l. payable par les mains du grand aumônier de France.

L'ancienne Maison de Charité devenue inutile fut arrentée le 20 mai 1684 à Pierre Brunet, sellier, moyennant 50 livres par an. Démoli il y a quelque cinquante ans, cet établissement, création touchante d'un grand mouvement de charité, a laissé, en donnant son nom à une rue de notre ville (2), un souvenir que nos compatriotes tiendront à conserver.

Arrivée à ses fins en dotant notre ville d'un spacieux hôpital, Madame de la Haye songea à prendre le repos qui lui était bien dû et à se retirer près des siens ; mais auparavant elle voulut assurer l'existence de son œuvre et en août 1685, fit écrire les administrateurs à l'évêque d'Angoulême pour le prier d'accorder à la Charité une communauté de religieuses hospitalières.

L'évêque accueillit favorablement cette requête, car au mois de décembre suivant la demoiselle de la Tascherie, supérieure du couvent d'Angoulême et deux autres religieuses arrivèrent à Loudun ; les administrateurs passèrent un traité avec elles : le revenu moyen de l'hospice étant de 1260 l., il fut convenu qu'elles recevraient 54 l., (la pension de chaque pauvre étant ainsi de trois sous par jour), pour entretenir un lit ; il y avait alors 16 lits ; le surplus devait servir à acquitter les autres charges. On donna aux religieuses 50 l. pour leurs frais de voyage.

Ces détails ainsi réglés, Madame de la Haye remit ses fonctions

(1) Nous avons publié cet acte de fondation dans le *Journal de Loudun* du 3 mars 1889 et suiv.
(2) La rue de la *Vieille Charité*.

entre les mains de Mademoiselle de la Tascherie et regagna Rennes où elle mourut le 25 mars 1695.

Mademoiselle de la Tascherie n'était venue que pour installer et mettre au courant les deux autres religieuses professes, mais les administrateurs trouvant que sa présence était nécessaire au bon gouvernement de l'hôpital écrivirent à Mgr d'Angoulesme pour le prier de vouloir la laisser en cette maison ; pour obtenir ce maintien ils multiplièrent les démarches : le 6 septembre 1686, ils décidaient d'aller trouver en corps l'évêque de Poitiers, alors à Loudun, pour le supplier de protéger cette maison en intervenant auprès de Mgr d'Angoulême pour appuyer leur requête ; ce dernier accéda à leur demande et Mademoiselle de la Tascherie conserva le gouvernement des pauvres ; ses deux compagnes, Marie-Anne Mesnard des Garennes, et Luce Geoffroy des Boucheaux prononcèrent, le 10 septembre 1686, leurs vœux qui furent reçus par Honoré de Beaujeu, prêtre de l'Oratoire, docteur en théologie ; dix jours après elles furent imitées par une Loudunaise, Marguerite Aubineau, qui servait les pauvres depuis longtemps, et qui jusqu'alors n'avait pu fournir les 400 l. de dot réglementaire.

Le 22 octobre 1685 fut signée la révocation de l'Edit de Nantes ; c'était le coup de grâce du protestantisme agonisant : deux compagnies de dragons envoyées à Loudun renversèrent le temple de fond en comble et convertirent en une nuit 1500 huguenots.

Le consistoire de Loudun possédant quelques biens, les administrateurs demandèrent au roi d'en faire don à la Maison de Charité. Le 5 mai 1686 des lettres patentes vinrent leur donner en partie satisfaction (1) : le roi étant informé, portent-elles, que par suite de la conversion d'un grand nombre de familles huguenotes, les deux églises paroissiales ne sont plus assez vastes pour contenir toutes les personnes qui assistent à la messe, en sorte qu'il est nécessaire de les agrandir et de les réparer, confisque les biens appartenant au consistoire et les attribue à l'Hôtel-Dieu de Loudun, à charge de donner 1500 livres à l'église de

(1) Original, arch. de l'hospice.

Saint-Pierre-du-Marché et 500 l. à celle de Saint-Pierre-du-Martray (1).

Le 18 novembre suivant le procureur du roi remit aux administrateurs tous les papiers du consistoire, sauf trois registres qu'il conserva.

L'établissement des religieuses s'était fait d'une manière clandestine, sans lettres patentes, contrairement aux prescriptions de l'édit de 1666; le procureur du roi ayant fait remarquer cette irrégularité, on envoya au procureur général une copie du traité fait avec la demoiselle de la Taschérie et des lettres de 1671 pour savoir si, dans l'espèce, il était vraiment utile de demander de nouvelles lettres.

Sur une réponse affirmative, les administrateurs lui adressèrent, le 21 août 1686, une requête accompagnée des pièces nécessaires à leur obtention.

Après enquête, le roi ne jugea pas cet établissement opportun et refusa l'autorisation sollicitée ; par la lettre suivante communiquée le 31 mars aux administrateurs, l'intendant en informa le procureur du roi :

Paris, le 24 mars 1688.

Monsieur, le roy a ésté informé que les Filles de la Charité qui gouvernent présentement l'Autel-Dieu de la Ville de Loudun s'y sont establyes sans lettres-patentes et Sa Majesté ne jugeant pas à propos de leur en accorder, m'a recommandé de leur faire savoir que son intention est qu'elles se retirent.

Je vous prie de leur expliquer cet ordre incessamment et de prendre soing qu'elles y obéissent.

Je suis, Monsieur, vostre très humble et affectionné serviteur.

De NOINTEL.

A Monsieur, Monsieur Leaud, procureur du roy au bailliage de Loudun, à Loudun (2).

---

(1) Le 27 décembre 1686, l'emplacement du temple fut loué au sieur Fanton, prêtre, moyennant 6 l. par boisselée ; le cimetière, qui se trouvait à l'angle de la rue des Vaux et de la rue du Portail-Chaussé, fut adjugé le 5 septembre 1687, moyennant 628 l.

(2) Arch. de l'Hosp.

C'était un congé brutal contre lequel il n'était pas permis de recriminer, aussi trois jours après la réception de cette lettre, les religieuses quittèrent l'hôpital laissant les administrateurs dans le plus grand embarras. Deux dames charitables, deux sœurs, Renée et Jacquette Thibault, vinrent heureusement à leur secours en se chargeant de la direction des malades, ne demandant que leur logement et la faculté de se retirer quand bon leur semblerait ; mais comme les deux servantes ne pouvaient plus suffire, une troisième leur fut adjointe, aux gages de 20 l. par an et une paire de sabots.

Cette organisation provisoire subsista pendant trois ans ; le 31 mars 1691, les administrateurs passaient avec les demoiselles Anne Gouin et Marguerite Pillon, qui s'étaient offertes pour leur succéder, un traité qui règle les conditions de leur entrée : elles apportent chacune une somme de 2000 l. et un trousseau évalué 400 l.; cette dot devra être exigée de celles qui, à l'avenir, demanderont à servir les pauvres. Elles devront avoir un logement entièrement séparé de celui des malades et exempt de la visite des administrateurs ; elles pourront prendre des pensionnaires à 100 l. au moins par an ; ne recevront les malades que sur l'assentiment écrit des administrateurs auxquels elles rendront compte tous les mois des sommes reçues pour la nourriture des pauvres ; ne dépendront que de l'évêque pour le spirituel ; entretiendront la chapelle.

Les administrateurs s'engagent à leur donner un prêtre pour remplir les fonctions d'aumônier, à faire venir de Saumur deux religieuses de Saint-Augustin pour les initier aux soins à donner aux pauvres et à la direction d'un hôpital, enfin à fournir deux servantes.

Ensuite de cet accord la demoiselle Gouin donne à l'hospice la maison dans laquelle elle habite, plus une somme de 530 l. pour fonder une messe par semaine et un salut le quatrième dimanche de chaque mois ; elle fonde les gages de deux servantes qui seront chargées du gros ouvrage et donne à cette fin une somme de 800 l.; s'il se trouve des servantes qui veulent servir gratuitement, cette somme sera employée à établir deux fourneaux dans les salles pour échauffer les malades pendant l'hiver ; elle fait encore don de 600 l. pour fonder « le luminaire de l'autel et des chandelles pour chaque salle pour le souper des pauvres pendant six mois de l'année. » Elle s'oblige à faire les frais de voyage et de séjour des deux religieuses de Saint-Augustin ; enfin elle met le comble à ses libéralités en promettant de laisser aux pauvres toute sa fortune. Cet accord fut ratifié par le bailli le 12 mai et le 28 suivant par l'évêque.

Les administrateurs, qui, pour plus de précautions, s'étaient engagés envers les trois religieuses précédentes à les recevoir quand elles auraient obtenu des lettres patentes, se trouvaient par suite de cette nouvelle organisation à l'abri de toute éventualité ; peu reconnaissants des services rendus par ces trois dames ; ils leur firent savoir, au mois de juin, que tous les actes et engagements conclus avec elles seraient considérés comme nuls.

On ne put sans doute obtenir des religieuses de Saumur, car le 23 juin 1691, les administrateurs votaient une somme de 100 l. par an pour l'entretien d'une religieuse hospitalière et arrêtaient qu'on demanderait à l'évêque de donner 2 religieuses de la Visitation de Loudun pour aider cette religieuse. La demoiselle Gouin ayant refusé d'adhérer à cette nouvelle convention, les administrateurs durent chercher une nouvelle combinaison et s'adressèrent à l'ordre de Saint-Thomas de Villeneuve (1).

Un accord fut passé entre eux et le P. Ange Le Proust, directeur de cet ordre, ex-provincial des Augustins, le 15 mai 1692. Cet acte est le titre de fondation de cette communauté qui subsista jusqu'à la Révolution : l'établissement de ces religieuses d'abord fait à titre provisoire, fut jugé si avantageux par le bureau de la Maison de Charité, qu'à l'instigation des demoiselles Gouin et Pillon, il devint définitif.

Le P. Le Proust, au nom de son ordre, s'engageait a donner autant de religieuses qu'il lui en serait demandé par les administrateurs ; chaque sœur devait apporter une pension de 60 livres

---

(1) Cet ordre avait été créé pour recueillir et soigner les malades par le P. Ange Le Proust, de l'ordre des Augustins, prieur du couvent de Lamballe en Bretagne, sous l'invocation de Saint-Thomas de Villeneuve canonisé en 1654. Il avait établi des succursales à Saint-Brieuc, Saint-Malo, Quimper, Brest et Paris où se trouvait la directrice générale. Le P. Le Proust — peut-être de la famille Loudunaise de ce nom — mourut à Paris, le 16 octobre 1697, à l'âge de 73 ans.

L'habit de ces religieuses consiste en une robe noire fermée par devant et ceinte d'une ceinture en cuir ; pour coiffure elles ont des cornettes de toile blanche, une coiffe blanche par dessus ces cornettes, un mouchoir de cou en pointe et un tablier blanc ; lorsqu'elles sont dans la maison et lorsqu'elles sortent elles mettent sur leur cornette une coiffe de pomille ou gaze noire et par dessus un grand voile noir. (Cf. *Histoire des Ordres Religieux*, Paris. Gosselin, 1725, T. III, p. 69. — Deux gravures représentent les religieuses « en habit d'intérieur » et « allant par la ville. »)

et s'entretenir de façon à n'être aucunement à charge à la Maison de Charité. Entièrement dépendante des administrateurs, elles devaient recevoir et soigner les malades envoyés par ces derniers, sans pouvoir en admettre de leur chef; néanmoins, sur leur proposition et avec l'assentiment du bureau, des dames pensionnaires payant au moins par an cent livres de pension pouvaient être reçues. Par le même acte les demoiselles Gouin et Thibault déclaraient entrer dans l'ordre de Saint-Thomas de Villeneuve et confirmaient les dons faits le 31 mars 1691 (1). Cette communauté devait, jusqu'à nouvel ordre, être composée de 12 religieuses.

Le 18 mai, cet accord présenté en assemblée de ville fut unanimement approuvé par les habitants et le 30 juin suivant Hélène de Volvire du Bois de la Roche-Silly, demeurant à l'abbaye au Bois, paroisse Saint-Sulpice, procuratrice générale des filles de Saint-Thomas de Villeneuve, ratifia l'établissement proposé par le P. Le Proust.

Les religieuses arrivèrent à Loudun le 22 août 1692, la supérieure était la demoiselle de Chilly.

La Maison de Charité traversa, l'année suivante, une période critique causée par la cherté des vivres et le manque d'argent, on fut obligé de réduire à douze le nombre des lits et les administrateurs firent « une attestation pour avoir les remèdes que S. M. fait distribuer aux pauvres. »

Le 23 mai 1699, la supérieure représenta au bureau de la Maison de Charité « que Madame de Montespand (2) a donné pour les pauvres de cette maison 99 aulnes de toile qu'elle souhaite estre employée à faire des linceuls pour les pauures et laquelle toile a esté représentée par la dite demoiselle de Chilly, en trois pièces qu'elle a dit estre de toile commune (3). »

Cette supérieure ayant déplu aux administrateurs, ceux-ci écrivirent le 8 juin 1699 au supérieur de l'ordre de Saint-Thomas de Villeneuve le priant de la rappeler et de la remplacer par une

(1) Arch. hosp.

(2) Le 17 septembre 1703, Madame de Montespand donnait au couvent de l'Union chrétienne de Loudun une rente de 100 livres pour y faire recevoir Catherine Françoise Malineau de la Brissonnière d'Anjou. (*Arch. dép. de la Vienne*, fonds de l'Union chrétienne).

(3) Il y a là, semble-t-il, un reproche à la générosité de Madame de Montespan.

autre « attendu la grande consommation qui se fait des revenus de cette maison depuis que la dite demoiselle de Chilly en prend le soin ; » déposée le 23 septembre, elle fut remplacée provisoirement par Anne Gouin et définitivement le 28 octobre par Perrine des Vallées.

Le 28 septembre de cette même année Louise Normand, veuve d'Auguste Dumoustier, fonda un lit à la Maison de Charité ; à cet effet, elle fit don d'une somme de mille livres payable après son décès, en outre elle demanda à être logée pendant sa vie dans une chambre de l'hôpital, à charge de payer 25 livres de pension.

⁂

Par une délibération du 1er juillet 1696, il avait été arrêté que les administrateurs s'adresseraient à l'évêque et à l'intendant pour provoquer auprès du roi, conformément à l'édit de 1693, la réunion des aumôneries et léproseries du bailliage à la Maison de Charité. Cette requête ayant été bien accueillie, Louis XIV accorda, au mois de septembre 1700, les lettres patentes demandées. Nous avons raconté les nombreuses difficultés suscitées à la Maison de Charité par cette réunion et les procès qui en furent la suite, aussi nous dispenserons-nous d'en parler ici.

Vers cette époque, on voulut se servir de la Maison de Charité comme lieu d'internement pour les protestants à convertir; en mars 1701, une dame des Jeaud y fut amenée par ordre du maréchal d'Estrées « pour y estre instruite des vérités de la R. C. et R. » Les administrateurs furent peu touchés de cette marque de confiance et écrivirent au maréchal que leur maison n'avait pas de clôture et que les deux religieuses chargées du soin des pauvres étaient employées jour et nuit et n'avaient pas le loisir de s'occuper de conversion ; néanmoins ils lui demandent d'envoyer au plus tôt la pension de la dame des Jeaud, pour qui ils ont été obligés de faire des dépenses extraordinaires (1).

L'hiver de 1709 se fit cruellement sentir en Loudunais comme par toute la France : Les curés de Mouterre et de Basses ont retracé dans leurs registres d'état civil les misères causées par ce triste fléau qui se répercutèrent sur le budget de la Maison de Charité : en avril 1709, les administrateurs, pour faire face à leurs obligations, durent emprunter une somme de 830 l. pour acheter deux fournitures de blé (2).

Par son testament du 18 juin 1710, Pierre-Louis Esmard, président en l'élection, donna à l'hôpital une somme de 400 l., afin de meubler « une chambre segrète pour quelques personnes honteuses et de famille, en excluant pourtant les filles de mauvaise vie ».

Le 9 janvier suivant Catherine Charles, veuve de Pierre David, sieur de la Fontaine, capitaine des vaisseaux du roi, fit don d'une rente de 67 l. 10 s. pour être « employée à l'entretien d'un lit pour les pauvres qui se trouveront imbéciles. »

La même année, l'Hôtel de Ville, dans sa délibération du 13 décembre, autorisa les administrateurs à faire murer par les deux bouts une petite rue appelée rue Pareau, sise derrière leur établissement et communiquant d'un côté à la rue descendant du carrefour des Chalumeaux à la Porte-Saint-Nicolas et de l'autre à la rue descendant de la Montée à la Tour Carrée dans la rue du Séminaire. Cette rue, disent-ils, n'est d'aucune utilité

---

(1) Les registres de dépenses de l'hospice sont en très petit nombre ; dans le plus ancien qui est de 1704, nous relevons : 5 sols de réglisse pour faire la tisane ; 10 s. pour deux poules à faire du consommé à un soldat blessé d'un coup de feu : une paire de sabot : 4 s. ; pour avoir fait conduire à Thouars la famille des Irlandais qui étoient à la charité : 4 l. ; miches pour la collation des pauvres le jeudi-saint : 11 s. ; miel pour lavements : 10 s. ; pour aider à faire la collation au prédicateur, à la Trinité : pain, fromage, pommes et cassonnade blanche : 16 s. ; cassonnade grise pour faire les roties aux plus malades et des sirops : 8 s. ; pour des épingles à tendre au jour du sacre de l'an 1704 : 6 s. ; deux prises de tartre émétiques : 5 s. ; pour faire racommoder le crucifix aux malades qu'ils avoient cassé : 2 s. ; journée de femme pour fourbir : 2 s. ; pour faire la vendange : 8 journées d'hommes à 8 s. et 10 journées de femmes à 4 s. : 6 l. ; total de la dépense de l'année : 98 livres 16 sous.

(2) En marge d'un registre d'état-civil de la paroisse de Vézières de cette époque le curé a écrit : « Le peuple souffre plus qu'il n'a jamais souffert, si la guerre continue il succombera. »

La misère était alors très grande partout : Le 19 juin 1712, Michel Laurent, substitut du procureur du roi, représente aux habitants de Loudun « que la ville est prest de tomber en non valleur par la désertion de majeure partie de ses habitants à cause des impôts excessifs dont ils sont chargés. »

et il y « arrive plusieurs désordres, tant pour servir de retraite aux voleurs que pour d'autres crimes qui s'y commettent ».

Au début de la Maison de Charité, nous avons vu qu'une ordonnance du bailli avait obligé les bouchers, pour pouvoir tuer en carême, à fournir gratuitement 200 l. de viande à la Maison de Charité. Cette ordonnance, observée pendant les premières années, tomba peu à peu en désuétude, les bouchers donnant chaque carême des quantités de viande de plus en plus faibles, si bien qu'au carême de 1711, non seulement ils n'en fournirent plus qu'une quantité dérisoire, mais encore ils la firent payer 5 sols la la livre; « ce qui est exorbitant pour cette ville où la viande se vend ordinairement 2 sols 6 deniers. En sorte que cette maison ayant peu de revenu, ne peut pas donner beaucoup de viande aux pauvres malades qui viennent de plus en plus nombreux depuis deux ou trois ans à tel point que dans chaque lit on a dû mettre deux malades ». Pour remédier à cet abus, les administrateurs sollicitèrent du Parlement un arrêt leur permettant, à l'exemple de plusieurs hôpitaux du royaume, d'avoir seuls le droit, à l'exclusion des bouchers, de tuer et de débiter, pendant le carême, de la viande aux habitants de la ville et des campagnes; ce qui, en définitive, sera avantageux pour le public, la viande revenant ainsi à moins de 2 s. 6 d. la livre; « en sorte que le public en profitera et cette Maison en recevra un avantage considérable et MM. les curés n'auront pas sujet de se plaindre, comme ils le font tous les jours, qu'il y a quantité de maisons où on mange de la viande sans besoin et sans nécessité, mesme publiquement, parce que les bouchers en vendent à ceux qui la payent bien chèrement, ce qui n'aura pas lieu, parce que la Maison de Charité aura grand soin qu'il n'en soit délivré que dans les maisons où il sera nécessaire d'en avoir pour les malades. » Une lettre du procureur général du parlement du 19 mai 1711, signée Daguesseau, renvoya leur requête au bailli de Loudun, pour y être fait droit. Cet avis du fameux jurisconsulte fut confirmé le 4 février 1712 par arrêt du Parlement.

A l'occasion du carême suivant les administrateurs présentèrent leur supplique à Dusoul, alors bailli, qui écrivit simplement au pied: « soit fait à Loudun le 11 février 1712, Dusoul. » On pense bien que les bouchers n'acceptèrent pas cette décision sans nombreuses réclamations (1).

(1) *Arch. hosp.*

A l'assemblée générale tenue le 12 janvier 1714 sous la présidence de Jean Claude de la Poype, évêque de Poitiers, il fut arrêté que quatre nouveaux lits seraient établis « attendu la grande misère et les pauvres qui surviennent tous les jours. » Au mois d'avril 1715, s'éteignit, entourée de la vénération et du respect publics, Anne Gouin, servante des pauvres depuis 1691. Par son testament, après avoir confirmé ses précédentes fondations, elle donna deux écus aux dames de la Miséricorde pour les pauvres honteux et voulut que le jour de son enterrement un sol fut distribué à chaque pauvre ; en outre on devait leur servir « quelque chose d'extraordinaire à leur souper », 40 sols devaient aussi être donnés aux prisonniers ; elle demandait en retour à être inhumée dans la chapelle de la maison de charité devant l'autel de la Vierge.

Le 22 mai 1719, André Roy, curé de Chasseigne, donna à l'hospice une somme de 2400 livres, destinée à fonder la subsistance d'un pauvre de sa famille, tant sain que malade, ou à son défaut, d'une pauvre de la paroisse de Chasseigne choisi par le curé assisté de quatre notables. Plus tard il se ravisa et jugeant cette somme suffisante pour l'entretien de deux pauvres, il modifia en ce sens sa première donation, ce deuxième pauvre devant être son parent, son paroissien ou un étranger.

L'hôpital de Loudun avait sans doute bonne réputation, car nous voyons en 1725 un mendiant arrêté par les archers de Loudun pour être conduit à l'hôpital général de Tours, faire supplier nos administrateurs de le recevoir à la Maison de Charité pour le reste de ses jours, offrant de leur abandonner une somme de 142 l. 16 s. qu'il avait entre les mains.

Une tradition qui s'est encore perpétuée jusqu'à nous, met au nombre des attributions de l'hospice une école gratuite ; l'origine de cet établissement remonte à 1727 : en effet, cette même année Marie Aubineau, veuve d'André Robineau, conseiller du roi, offrit aux administrateurs de leur donner une rente annuelle et perpétuelle de vingt livres à condition que la Maison de Charité fournirait un logement pour les petites écoles établies à Loudun (1);

(1) Dans les minutes de Confex, notaire à Loudun, nous avons trouvé à la date du 12 janvier 1733, une constitution de titre clérical par René Billault, imprimeur et libraire à Loudun à Pierre Billault, son fils, clerc tonsuré, maître des Écoles charitables de cette ville.

les administrateurs acceptèrent tout en restant fort perplexes sur le choix de ce local : la Maison de Charité, dont toutes les chambres étaient occupées, ne pouvait fournir ce logement. François Leboux, curé de Saint-Pierre du Martray et l'un des chapelains de Saint-Léger, vint les tirer d'embarras en offrant pour l'installation de cette école la chapelle de Saint-Léger, où le service religieux n'était célébré que très rarement ; cette offre fut bien entendu acceptée et les petites écoles subsistèrent dans ce bâtiment jusqu'à la Révolution (1).

Les bienfaits de cette dame ne s'arrêtèrent pas là ; aux termes de son testament du 15 mars 1725, elle avait léguée une rente de 150 livres à la communauté des sœurs de la Miséricorde et une autre rente de 50 livres à la confrérie du Saint-Sacrement (2) de la paroisse de Saint-Pierre-du-Marché ; au-cas où ces confréries n'existeraient plus lors du décès de la testatrice ces legs devaient revenir à la Maison de Charité. A la mort de la dame Robineau arrivée en 1733, les administrateurs voulurent entrer en possession de ces deux rentes, prétendant que ces deux communautés n'existaient pas légalement, n'étant point reconnues par lettres patentes. Un jugement de la prévôté du 15 septembre 1733 les confirma dans leurs prétentions ; attendu, porte l'arrêt dans ses considérants, « qu'il n'y a point de maison de la Miséricorde fondée, ni autorisée par le roi, mais une société de dames qui s'assemblent par un esprit de charité et une intention pieuse, tant pour les pauvres des paroisses de la ville que pour les pauvres honteux, qui ne doit être regardée comme une miséricorde fondée par les lettres patentes comme il y en a dans plusieurs villes, outre que ces dames peuvent faire cesser leur société

---

(1) Le registre de dépenses de 1736 porte à la date du 29 avril : « payé à Caié 3 l. pour trois charretées de pierres pour la maison des petites écoles. »

Autres dépenses du même registre : (1737) « 40 l. à M. Foucher, chanoine de Sainte-Croix, pour 6 mois de l'escole des dimanches et fêtes ; 312 livres à Jean P..ris, orlogeur, pour avoir fait une orloge à la Maison de Charité ; 24 l. au sieur Daillé, orlogeur à Saumur pour s'être transporté à Loudun par ordre du bureau pour visiter l'orloge faite par Paris ». A la suite de la réception de cette horloge, les administrateurs s'offrirent un petit festin qu'ils prirent chez Benoist, hôte de l'Epée royale, et qui coûta 7 l. 9 s.

Le 20 avril 1737, on payait à Appareillé Cosme, Me écrivain, 13 l. 14 s. pour avoir écrit le tableau des messes fondées à la Maison de Charité et fait deux copies de l'inventaire des titres.

(2) Cette confrérie existait déjà au XVIIe siècle; dans un testament du 10 février 1655, le légataire est chargé de faire dire des messes, de mettre 20 sols dans la boite de la confrérie du Saint-Sacrement, 20 sols dans la boite des tailleurs, de donner 10 sols à la confrérie des agonisants.

quand bon leur semblera » (1). Pour les mêmes raisons l'autre confrérie fut aussi déboutée, de telle sorte que l'hospice entra en possession des 200 l. de rente données par Madame Robineau (2).

En 1743, les administrateurs faisaient réparer l'autel de leur chapelle par Madelon Courant qui toucha pour ce fait 360 l. A cette occasion on paya encore 4 l. à Michel Neveu, maçon, pour 8 journées employées à rétablir les marches de l'autel et 88 l. au menuisier Etienne Cantin.

Deux ans après, la Maison de Charité reçut un don important : le 2 décembre 1745, demoiselle Anne-Françoise Guyon de la Boullais (3) lui donna la moitié indivise de la Maison noble de la Boullais, paroisse de Terves, relevant de la seigneurie du Bois d'Augirard ; l'autre moitié appartenait à Charlotte Turpeau, veuve d'Etienne Bellumeau (4).

A propos d'une demande de secours pour les pauvres toujours très nombreux, présentée par les habitants à l'intendant, celui-ci répondait :

A Tours, ce 3 mars 1752.

Je suis fort aise d'apprendre, Monsieur, que les habitants plus aisés de Loudun se soient accordés pour asseurer la subsistance des pauvres en plus grande partie et faché de ne pouvoir disposer d'aucuns fonds pour concourir à cette bonne œuvre et l'achever.

Si les riz que j'attends étoient arrivés, en vous procurant une certaine quantité de cette denrée, je vous donnerais moyen de multiplier infiniment vos aumosnes et de ne pas laisser sans secours le petit nombre de gens dont vous m'avez envoyé l'état. Quant à la non-valeur de ceux qui, connus pauvres et hors d'état de payer, auroient été injustement compris

(1) Il y a à Loudun, une société de dames de la miséricorde établie depuis quelques années pour visiter les pauvres et les soulager dans leur misère. (*La Martinière* 1735. v. Loudun).

(2) Dans la collection de M. de la Tourette figurait un portrait de cette dame.

(3) En 1732, « Eslieonord Lignaciere, veuve de François Guyon, sieur de la Boullais, procureur fiscal de la ville et baronnie de Bressuire, au nom et comme mère tutrice de Anne-Françoise Guyon, demeurant à Aulnay, près Loudun, rendait aveu à Claude de Raoul, chevalier, seigneur du Bois d'Augirard, pour la moitié d'une « masure hebergée appelée la Boullay » indivise avec Louis Turpault de Vieille Vigne, avocat en parlement, à cause de Renée Le Fiebvre sa femme. (*Arch. dép. des Deux-Sèvres*, E. 845).

(4) *Id.* E. 844 (communication de M. Berthelé).

dans le rosle, je me porteray difficilement à l'accorder, cet exemple tireroit à grande conséquence. Il est plus naturel que les collecteurs en supportent la perte.

Je suis très parfaitement, Monsieur, votre très humble et très obéissant serviteur.

MAGNANVILLE.

Monsieur Dumoustier de Lafond, président au bailliage et chef de ville à Loudun (1).

Après avoir monopolisé à son profit le droit de vendre de la viande en carême, la Maison de Charité s'appropria celui de débiter des drogues. Depuis longtemps il n'y avait plus à Loudun qu'un seul apothicaire (2), qui, se conformant à la tradition, ne donnait ses remèdes qu'à des prix très élevés et chaque année l'hospice dépensait de ce chef plus de 200 l.; aussi en 1763, l'unique apothicaire de notre ville, le sieur Joyeux, étant décédé, les administrateurs songèrent, pour s'affranchir de ce tribut onéreux, à acquérir sa boutique. Ce projet, qui permettait en vendant les remèdes au public, d'augmenter les reverus de la Maison de Charité, ayant été approuvé, la boutique de Joyeux leur fut adjugée le 18 octobre 1763 moyennant 1800 livres.

La demoiselle Villemain fort experte en l'art de préparer les remèdes fut désignée pour tenir l'apothicairerie qu'on installa dans la bibliothèque; une chambre voisine servit d'officine. Quant à la bibliothèque créée par Mignon, les administrateurs la déclarèrent « inutile n'étant composée que de livres très anciens » et, comme telle, la cédèrent le 22 octobre 1763 à Louis Croué de la Resnerie, curé de Saint-Pierre-du-Marché, moyennant 200 livres (3).

Par suite de la création de ce nouveau service une quatrième religieuse fut attachée à l'hôpital.

---

(1) *Arch. com. de Loudun.*

(2) « Les drogues nécessaires à la médecine, lit-on dans une délibération du 26 janvier 1722, sont vendues par les épiciers, n'y ayant à Loudun qu'un seul apothicaire qui néglige fort sa boutique, qu'ils achètent d'un nommé Combon de Mauperon en Languedoc qui a un magasin à Poitiers » (*id.* — BB 11.)

(3) Ces livres étaient, en effet, très anciens : parmi ceux que nous avons rencontrés à Loudun figurent deux superbes impressions en gothique, l'une de 1508, l'autre de 1521. C'est une raison de plus pour vouer aux malédictions des bibliophiles les noms des membres de ce Bureau.

***

Le 29 octobre 1770, grand émoi à l'assemblée du bureau de l'Hôpital : « a esté representé que la demoiselle de Moreuil voudroit donner une somme de 24,000 livres à conditions de lui servir une pension viagère, aux charges que cette somme serviroit à établir six nouveaux lits. » Le bureau, ébloui par cette grosse somme, envoya sur le champ trois délégués à la communauté des Ursulines où demeurait cette généreuse demoiselle, avec pleins pouvoirs pour accepter cette donation. Ils firent une telle diligence que le lendemain le contrat était fait et signé ; aux termes de cet acte six pauvres nobles de l'un et de l'autre sexe devaient être préférés pour occuper ces lits (1).

La donation soumise à l'approbation du bureau fut unanimement approuvée et on en envoya une copie au chancelier et au procureur général, « afin de les supplier de s'intéresser pour la demoiselle de Moreuil pour obtenir de Sa Majesté la révocation de l'ordre qu'elle a donné pour la faire renfermer aux fins que lad. demoiselle ait la liberté de sa personne. »

Nous n'avons pu retrouver pourquoi elle était ainsi enfermée, mais le journal de l'avocat du roi Dumoustier porte au sujet du curé Croué de la Resnerie : « C'est un miserable hypocrite qui abuse, sous le voile de la religion des esprits faciles et bornés, témoin la dame veuve Malmain de Moreuil qu'il tient actuellement (1755), au couvent de la Visitation et à laquelle il fait dépenser son bien sous prétexte de dons et aumosnes à l'église (2). » Cette dame était Marie-Louise de La Haye, veuve d'Etienne-Louis de Malmain de Moreuil, sieur de la Roche-Marteau, belle-sœur de notre donatrice.

La requête des administrateurs fut entendue et Mademoiselle de Moreuil entra comme pensionnaire à la Maison de Charité. A sa mort arrivée en mars 1774, on mit ses volontés à exécution : deux lits furent placés dans une petite chambre vis-à-vis la

---

(1) Depuis cette époque ce don n'a été dépassé qu'une seule fois : par testament du 15 juin 1837, Mademoiselle Marie-Gilberte-Charlotte de Farouil des Forges légua à l'hospice une somme de 40,000 fr. pour que l'on y reçoive 3 aveugles et 3 incurables.

(2) *Mémorial des choses les plus mémorables qui se passent en la ville de Loudun* (1749-1755), par Dumoustier, avocat du roi au bailliage, publié par M. Du Martray.

chapelle, un troisième dans la salle des hommes ; un quatrième dans la salle des femmes et comme il était impossible, faute de place, de loger les deux autres, le bureau arrêta que deux des anciens lits compteraient dans le nombre de ceux fondés par Mademoiselle de Moreuil. Au pied de chaque lit on plaça un écriteau portant : *Lit fondé par la demoiselle Malmain de Moreuil.*

Cette décision n'était que provisoire : en février 1777, les administrateurs desaffectèrent la chapelle dans laquelle ils placèrent les 6 lits de Mademoiselle de Moreuil et firent construire une nouvelle chapelle de 30 pieds de long sur 22 de large, à l'extrémité de l'ancienne. Cette construction fut adjugée à François Bougreau, entrepreneur, à raison de 7 livres la toise, une pipe de vin et 12 l. de don.

Au mois de novembre 1770 avait été inhumée dans cette ancienne chapelle Marie-Françoise d'Oissant de Tremaria qui, pendant 36 ans, avait gouverné la Maison de Charité (1) ; sa tombe qui fait partie des collections de M. Moreau porte cette inscription :

CY GIST LE CORP
DE LA VENERABLE
MERE MARIE FRAN
COISE DOIXANT DE
TREMARIA HOSPIT
ALIÈRE DE LA CON
GREGATION DES FI
LLE DE ST THOMAS
DE VILLENEVUE DE
CEDE LE 20 NOV
ENBRE 1770 AGEE
DE 80 ANS AIANT
ETE SUPERIEURE DE
SETTE MAISON
36 ANS PRIEZ DIE
POVR SON AME

(1) Voici son acte de décès : « Le 22 novembre a été inhumé dans la chapelle de la Charité de Loudun, la mère d'Oixant de Tremaria, religieuse hospitalière de la Congrégation de Saint-Thomas de Villeneuve, âgée de 80 ans et de religion 48, a été supérieure de cette maison 36 ans. Elle étoit bertonne de naissance.

« DELLIARD, vicaire. »

En 1779, Marie-Anne Albert, veuve de Denis de Milly, obtint d'être logée et nourrie à l'hôpital pour le reste de ses jours en donnant une métairie à Basses, une vigne au Boutripé, le tout d'une valeur de 5000 livres, et une rente de 25 l.

Les Capucins ayant eu l'intention de se retirer de Loudun, abandonnèrent, le 15 septembre 1783, leur établissement aux habitants qui eurent tout d'abord l'intention d'y créer un hospice d'enfants trouvés. Ce projet n'eut pas de suite, l'ordre ayant obtenu peu de temps après la révocation de ce don (1).

Le 11 décembre 1788, l'hospice acquérait une maison et un jardin au Vieux-Cimetière pour y établir un lavoir, car aux fontaines publiques « on ne trouve pas souvent de la place pour laver le linge des pauvres. »

Le rude hiver de 1789 se fit cruellement sentir en Loudunais (2) et les ressources de l'hospice ne permirent pas de secourir tous les malheureux, aussi de compatissants habitants (3) songèrent-ils à leur venir en aide en créant un bureau de charité : le 8 janvier ils s'assemblèrent à l'Hôtel de Ville et représentèrent au maire, Louis-Martin Lemaistre, « qu'au malheur d'une récolte en grains absolument manquée se réunit une saison qui, par la continuité des neiges et glaces, suspendent en entier tous les travaux et privent les malheureux des ressources que leurs bras peuvent leur procurer, que la calamité publique est à un tel point que les ressources s'épuisent insensiblement et forment une quantité si prodigieuse de malheureux qu'il est du plus grand intérêt pour la ville d'aviser aux nouveaux moyens de venir aux secours des indigents dont la destruction serait inévitable ». Ils proposent donc d'établir un bureau de bienfaisance et de convertir, comme premiers fonds, le pain bénit qui n'offre « aucun soulagement à l'humanité » en une aumône annuelle

(1) *Arch. com. de Loudun*, BB 25 et 26.

(2) Le curé de Chalais écrit dans ses registres : « Le froid a été si violent cette année que le thermomètre a descendu trois degrés et demi au-dessous du froid de 1709. La gelée a pénétré dans des lieux où on ne l'avoit jamais ressentie. La récolte a été des plus modiques, de mémoire d'homme, en blé ; il y a eu peu de vin ; il y a eu de la glace de 22 pouces d'épaisseur. Le froid a commencé le 6 décembre 1788. » (Mairie de Chalais).

(3) Etienne-Richard de Bussy, curé du Marché ; Louis-Alexandre Triffault des Treilles, curé du Martray ; Charles Montault des Iles, vicaire du Marché ; Guillaume-Ambroise Gletraye de la Barre, avocat ; Michel-Marc Fabry, procureur ; René Bernier, orfèvre ; Pierre Confex-Lachambre, bourgeois.

payable en grains ou en argent et de donner trois années d'avance.

Tous les habitants présents ayant accepté, on convint de convoquer pour le lendemain les trois corps afin d'arrêter définitivement l'organisation de ce bureau.

A cette nouvelle réunion la noblesse fut représentée par 5 habitants (1) ; le clergé par 9 prêtres (2) et le tiers seulement par 3 officiers du grenier à sel (3) ; malgré l'absence certainement concertée de la plus grande partie de cet ordre, l'assemblée passa outre et organisa ce bureau qui fut composé de 8 administrateurs pris un dans la noblesse, trois dans le clergé et quatre dans le tiers ; un receveur leur fut adjoint. Ils devaient exercer pendant cinq ans ; ces charges furent dévolues à François Montault, maître à la chambre des comptes, aux deux curés de Loudun, à Paul Confex, doyen des chanoines de Sainte-Croix, à Aubineau des Vaux, conseiller du roi, lieutenant de ville, à Gletraye de la Barre, avocat, Fournier de Pentenay et Confex-Lachambre, bourgeois. Le receveur fut l'abbé Montault des Isles (4).

***

Le 17 mars 1790 une commission municipale procéda à l'inventaire des meubles de l'hopital.

Dans la salle où se tenait le bureau elle trouva 6 armoires dont deux renfermaient les archives.

Les salles contenaient 46 lits garnis; de plus 4 couchettes étaient placées dans un petit appartement ; la lingerie renfermait 600 chemises et 400 draps ; le réfectoire 8 tables, 2 douzaines de mauvaises chaises.

---

(1) Gérôme d'Arsac, comte de Ternay ; Armand Dujon, capitaine de cavalerie; Joseph-Désiré, comte de Messemé, lieutenant de vaisseau ; Nicolas d'Espinay, capitaine d'infanterie ; François Montault, me des comptes.

(2) Paul Confex, doyen des chanoines de Sainte-Croix ; le curé du Martray ; François Aubineau, ancien curé de Messemé ; Charles Montault des Iles, Jean Dupaty, Etienne Chesneau, vicaires du Marché ; Jacques Ricordeau, vicaire du Martray ; Pierre Ricordeau ; Jean Diotte de la Haye, principal du collège.

(3) Montault de Chavigny, président ; Pierre Brancheu des Fontenelles, grenetier ; Jean Ferrand, conseiller.

(4) *Arch. com. de Loudun*. BB. 35.

Le mobilier sacré, conservé dans la sacristie, comprenait un soleil en argent, 2 calices avec leurs patènes, un ciboire, une custode, des burettes avec plateau, un vase pour les saintes huiles, une croix de cuivre argenté, une lampe de cuivre argenté, deux encensoirs, 3 flambeaux de cuivre argenté, 3 garnitures de chandelier de bois doré, 2 garnitures de chandelier de bois argenté, 4 garnitures de bouquets pour le grand autel, 7 ornements pour les grandes fêtes, 4 pour les dimanches, 4 pour tous les jours, 2 ornements noirs, 2 chapes, un dais, 13 parements d'autel, 2 missels, etc.

A cet inventaire est annexé un tableau qui détaille ainsi le budget de l'hopital :

I. — Recettes

1° En nature :

Froment	133 setiers 9 bois.	
Mouture	5 — 6 —	
Baillarge	12 — 6 —	
Seigle	16 — » —	
Plus 6 chapons.		

2° En deniers :

Fermages	742 livres	
Rentes foncières	3312 —	4268
Produit des vignes	214 —	

II. — Dépenses

Médicaments	400 livres	
Viande de boucherie	1300 —	
Desserte de la chapelle	485 —	
Bois	600 —	
Chanvre et toile	300 —	
Blé (les quantités de grains ci-dessus mentionnées n'étant pas suffisantes)	600 —	5147
Gages des domestiques	162 —	
Dépenses diverses	400 —	
Charges diverses : rentes, devoirs féodaux, etc	900 —	
Déficit		879 l.

« Les dépenses excèdent de beaucoup les recettes et sans quelques secours particuliers qui peuvent cesser d'un moment à l'autre, cet hopital ne pourrait subsister et serait absorbé. » Telle est la conclusion de l'inventaire.

Les craintes des officiers municipaux n'étaient pas fondées : les « quelques secours particuliers » qui, pendant un siècle et demi, n'avaient jamais fait défaut à l'hopital, n'ont point été taris au seuil de ce siècle, bien au contraire, multipliés par la charité publique et privée, ils ont produit notre riche hopital actuel, installé depuis l'an V dans l'ancien monastère (1) de la Visitation, « l'un des plus beaux couvents de France (2). »

Nous ne pousserons pas plus loin la monographie de ce remarquable établissement, M. Arnault-Poirier ayant retracé déjà (3), dans d'éloquentes pages pleines de cœur, les faits saillants de son histoire pendant et après la Révolution ; mais nous compléterons notre travail en donnant une liste détaillée tant des bienfaiteurs de l'hospice que des charitables personnes qui, sans compter, ont donné leurs soins et leur temps aux malades, briguant comme seule récompense, en ce monde, le droit de se parer du titre modeste et touchant de *serviteur des pauvres*. Cette liste formera un véritable *Livre d'or*.

---

(1) Ces bâtiments ont été construits en 1679-1686 par Jean et François Jacquet, Mes entrepreneurs, de « Quainsé » : en avril 1680 ils reconnaissaient avoir reçu 34.000 livres à valoir sur le prix de leur marché; en décembre 1681 autre quittance de 18.700 l.; un corps de logis fut ajouté en 1684, il coûta 15.716. Enfin la voûte de la chapelle faite en 1686 revint à 600 l. (*Arch. dép. de la Vienne*, H. 96, 97).

(2) Vers la fin du XVIIe siècle, Mgr de Baglion de Saillant, évêque de Poitiers, écrivait à Mme Lejeune de Bonneveau : « je ne vous ai point parlé d'une amie et d'une très chère fille que j'ai en ce pays de Loudun, avec laquelle je voudrois bien que vous entrassiez en liaison. C'est Mme Charron, sœur de M. de Menars et de feu Mme Colbert, qui est supérieure de la Visitation, l'un des plus beaux couvents de France. » (Note communiquée par M. Guéneau, ancien receveur des finances à Loudun).

Il est curieux de comparer cette appréciation avec les lettres circulaires de ce même couvent publiées par notre excellent ami, M. E. Jovy, dans le *Journal de Loudun* du 8 avril 1888 et suiv.; dans lesquelles la situation matérielle de cet établissement est peinte sous un si navrant aspect.

(3) *Mém. de la Soc. des Antiq. de l'Ouest*, 1846, p. 170.

LIVRE D'OR

DE LA MAISON DE CHARITÉ

DE LOUDUN

En tête de cette liste doivent figurer tout naturellement les noms de celles qui ont consacré toute leur vie à la cause des malheureux sous le nom de :

SERVANTES DES PAUVRES

Anne Gaugry, veuve de Pierre Bourdier	1648-1661
Louise de Bellère du Tronchay (1).....................	avant 1675
Neomoise Fouquet, femme de Jean Martin...............	1679
Marie Ravenel, veuve de Michel Le Loup, sieur de la Haye.	1669-1685
Marie Mesnard de la Tascherie, supérieure.............	1685-1688
Marie-Anne Mesnard des Garennes	1685-1688
Luce Geoffroy des Bouchaux	1685-1688
Marguerite Aubineau...................................	1685-1688
Renée Thibault	1686
Jaquette Thibault	1688-1691
Anne Gouin..	1688-1691
Marguerite Pillon	1691-1715
N. de Saint-Germain	1691-1692
N. de Chilly, supérieure................................	1692-1694
Perrine des Vallées, supérieure (2).....................	1692-1695
N. de Fombois	1699-1706
N. de Villeneufve......................................	1702
Marie Lecomte, supérieure	1703-1705
Jeanne de Lucerie, supérieure	1706-1711
Marie-Françoise Lory (3)...............................	1711-1728
Marie-Françoise de Tremaria d'Oissant, supérieure (4)...	1726-1740
	1728-1770

(1) Après être restée à Loudun attachée à une œuvre de charité vint se fixer à l'hôpital de Parthenay, vers 1675, où elle mourut en odeur de sainteté le 1er juillet 1696, âgée de 55 ans. *(Dict. des fam. du Poitou*, 2e éd. V. *Bellère)*.

(2) Nommée à Besançon le vingt octobre 1706.

(3) Venait de Parthenay; elle fut inhumée le 29 octobre 1740, dans la chapelle de la Maison de Charité, à 64 ans.

(4) V. ci-dessus l'inscription de sa tombe.

Marie-Françoise-Claude Loury (1), supérieure.......... 1744-1789
Françoise-Émilienne des Gresves (2).................. 1760
N. Villemain.. 1763-1764
Catherine-Louise Souvestre (3)......................... 1764
Marie-Michelle Diouguel de Pennarue, supérieure........ 1764-1767
Suzanne-Charille des Rouzières (4)................... 1770
Marguerite Esmard..................................... 1788

SERVITEURS DES PAUVRES

Louis Cailleau 1648-1684
Jean Martin, serger..................................... 1679

ADMINISTRATEURS ÉLUS

Guillaume Rogier, conseiller au bailliage............... 1648-1662
Pierre Fournier, avocat.................................. 1648-1662
Guillaume Philbert, lieutenant criminel................ 1662-1674
René Normandine, avocat 1662-1674
Louis Roy, lieutenant civil............................. 1674-1681
Guillaume Drouin, avocat 1674-1681
Charles Aubineau, conseiller du roi au bailliage......... 1681-1684
Pierre de la Ville, avocat............................... 1681-1684
Jacques Chevreau, président au bailliage................ 1684-1685
Henri Tabart, conseiller au bailliage (5)............... 1684-1687
Daniel Montault, avocat 1685-1687
René Fournier, conseiller au bailliage.................. 1687-1697
Pierre de la Ville, président au bailliage.............. 1687-1695
Jean Curieux, conseiller au bailliage................... 1695-1706
Louis Briant.. 1697-1706

---

(1) « Le Deuxième jour de septembre 1789, a été inhumé le corps de Marie-Françoise-Claude Lory, religieuse de l'ordre de Saint-Thomas de Villeneuve, décédée de la veille, âgée de 65 ans, de profession 38 et supérieure de cette maison depuis 23 ans, a été inhumée dans le cimetière de cette maison. »

(2) Décédée le 19 décembre 1760, à 45 ans.

(3) Venait de Brest.

(4) Décédée le 9 mai 1770 à 37 ans.

(5) Sa pierre tombale a été retrouvée lors de la démolition de la chapelle de la Maison de Charité, elle porte :

ME HENRI TABART
CONER DV ROY ET ADMINIS
TRATEVR DE CET HOSPITAL
DCDE LE 21 SEPTEMBRE
1687

Lettres liées : 1re ligne ME, HE; 3e ligne DE.

Jules-Armand Rogier, conseiller au bailliage	1706-1715
René Clément	1706-1715
N. Roy, lieutenant civil	1715-1730
François Guery, marchand	1715-1724
N. Bazille, marchand	1724-1730
N. Chauvet de Gelis	1730-1733
N. Debrou	1730
Louis-Vincent Naudin de la Nivardière, sieur de la Ronde, lieutenant criminel	1733-1780
Philippe Guery, marchand	1753-1757
Louis Poncet, marchand	1757-1766
Louis-René Bazille, avocat	1766-1773
Charles-François Pousset de Marinneuf, bourgeois	1773-1779
Armand-Louis-Charles Aubineau des Vaux, changeur	1780-1792
Louis Girard, échevin	1779-1792

ADMINISTRATEURS SPIRITUELS

Jean Mignon, doyen des chanoines de Sainte-Croix	1648-1672
Pierre Gambier	1677
Paul Curieux, curé de Saint-Pierre-du-Marché (1)	1681-1701
François Leboux, curé de Saint-Pierre-du-Martray	1700-1742
Guillaume Drouin (Marché)	1701-1717
Paul-Philippe Diotte de la Valette (Marché)	1717-1719
Philippe Moricet (Marché)	1721-1725
Pierre-Ignace Dumolinet (Marché)	1725-1733
Philippe Guenyveau (Marché), recteur de l'univ. de Poitiers	1733-1768
Barthelémy de Rambault (Martray)	1742-1746
Louis Croué de la Rosnerie (Martray)	1746-1779
Etienne-Richard de Bussy, vicaire général du diocèse (Marché)	1768-1791
Triffault des Treilles (Martray)	1779-1791

AUMONIERS

Pierre-Louis Jollivard, chanoine de Sainte-Croix	1698
Louis Briant	1703-1709
Pierre Teissonnières, curé de Saix	1709-1725
Antoine Fouqueteau, curé de Saint-Médard des Thouars	1725-1727
Beaulieu	1736
Suireau	1727-1748
G. Bourtault de la Tour	1748-1749
J. Bastard, vicaire	1749-1752

(1) Depuis 1681, les deux curés de Loudun exercent alternativement, chacun pendant une année.

Dubourg	1749
Picard	1751-1762
Chesneau	1751-1757
Clément, deuxième aumônier	1765
Bonnecompagne	1758-1762
Jacques Pousset, deuxième aumônier	1765-1766
P. Confex-Lachambre, chanoine de Ste-Croix, 2e aumônier	1762-1766
P.-C Duchesne-Duperron	1766-1767
Tribert, premier aumônier	1766
De Brou	1767-1768
Pierre Pichot, premier aumônier	1768-1769
Louis-Dominique de Mondion	1769-1770
Bellecard	1770-1785
Ricordeau	1785-1789

MÉDECINS DE LA MAISON DE CHARITÉ

Fanton, protestant	1648-1661
Charles Renou	1664-1695
Daniel-Pierre Gaultier, conseiller et médecin du roi	1695
Raymond du Vidal	1697-1706
Pierre Maupas	1706-1761
Mathieu Marin (1)	1733
Daniel Montois	1761-1785
Nozereau	1785-1789

CHIRURGIENS

Jean Guiet	1664-1679
Louis Caillien	1679-1704
Jean Boursault, sieur de la Tour	1704-1763
Pierre Gallibert, sieur de la Jontière	1710
Henri-François Baillou, sieur de la Pentière	1763

APOTHICAIRES

Boistet	1695
Pierre Gaultier	1695-1696
André Roussel	1706
Louis Roussel	1706-1717
Joyeux	1763

(1) 2 médecins à partir de 1733.

RECEVEURS

Louis Linacier, procureur	1648-1677
Joseph Deschamps	1687
René Chesneau	v. 1690
Louis Dussaule, exempt	1695-1712
Pierre Desrues, procureur	1712-1722
Pierre Robin, sieur de Saint-Denis	1722-1736
Jean Cuillereau	1736-1755
Jean Desrues, procureur	1755-1769
Pierre-François Naudet, procureur	1769-1781

BIENFAITEURS

1414 (1)	Jamet Quirit, bourgeois de Loudun : rente de 20 setiers de froment	
1500	Nicolas Thibault, apothicaire, et Collette Vincent : r. de 6 s. de from^t	
1579	Jacquette Dumoustier, femme de Christophle Fouquet : r. de 50 l.	
1615	Cécile Genebault	rente de 30 livres.
1629	Magdeleine de Dreux, veuve de Jacques de Thibault : r. de 50 l.	
Avant 1648	Pierre Dumoustier l'aîné, avocat	rente de 50 l.
—	Marguerite Audebert	rente de 100 sols
—	Pierre Cesvet	rente de 4 s. from^t
1648	Jean Mignon, doyen de Sainte-Croix	*fondateur*
—	Louis Moussault, procureur du roi : partie de la Maison de Charité	
—	Anne Gaugry, veuve de Pierre Bourdier	tous ses biens
1653	La même	id.
1654	René Mesmin, écuyer, sieur de Silly	300 l.
—	Jeanne Robin, veuve d'Irénée de Ste-Marthe, s^r des Humeaux	rente de 4 l. 5 s.
1655	Jean Aucher et sa femme	rente.
1657	Philippe Diotte, procureur en l'élection	rente de 3 l.
1658	Claude Chaston, veuve de Jacques de Thibault, s^r de Chasseignes	400 l.
1659	Pierre Menuau, avocat du roi	900 l.
—	Louise Tourault	rente de 11 l. 2 s. 3 d.
—	René Normandine, avocat	20 l.
1661	Dorothée Rogier	60 l.
1662	Vincent Le Bret, conseiller au Parlement	3000 l.
1666	Marguerite Aubineau	terres à Vaon.
—	Ledit Le Bret	rente de 40 l.
1668	Antoine Pelé	maison à la Porte-Saint-Nicolas.

(1) Nous transcrivons également les dons faits aux pauvres avant l'établissement de la Maison de Charité et dont celle-ci est entrée en possession postérieurement.

1670	Claude Rouger, chanoine de Sainte-Croix. } rente de 13 b. from^t
	René Rouger, chanoine de Sainte-Croix.
	Pierre Rouger, sieur de l'Aubinière
	Jacquette et Marguerite Rouger
—	Marie Ravenel, veuve de Michel Le Loup, s^r de la Haye : 1000 l.
1674	Marie Bailot, veuve de René de la Haye, s^r de la Barinière : r. de 50 l.
1675	Le roi ... aumône annuelle de 100 l.
—	Anne Gouin ... 800 l.
1677	Marie Lemoine ... 1500 l. et des terres à Silly.
1678	Jean Le Berthon, chanoine de Sainte-Croix ... 10 l.
1679	Jean Martin, serger et sa femme Néomoise Fouquet : t. leurs biens
—	Louis de Thibault, écuyer, sieur de Chasseigne ... 50 l.
—	Fanton, prêtre à Poitiers ... 730 l.
—	Jean Motet, élu ... 50 l.
—	Louis Caillien, chirurgien et Jeanne Curieux, sa femme : terres à Mazault et instruments de chirurgie.
—	Jean Guibert, maître cordonnier ... 50 l.
1680	François Guinart ... maison à l'Hurmeau Farasseau.
—	Françoise et Leonne Fillastreau ... tous leurs biens.
—	Marie et Renée Gressin ... tous leurs meubles.
1681	Maison de ville de Loudun ... 900 l.
—	Martin Renard ... maison au Bourg Ripé.
—	Perrine et Anne Biardeau ... tous leurs biens.
1682	Marie Le Clerc, veuve de René Baillergeau, s^r de la Chapelle, 577 l.
1683	Nicolas Curieux, sieur de Nouzilly : maison à la Porte de Mirebeau
—	Jeanne Contesse ... rente de 4 boisseaux de froment
Vers 1683	Madame de la Haye-Le-Loup ... 10,000 l.
—	Demoiselle de Champfleury ... 250 l.
—	Madame de Bude ... 1000 l.
—	Marquis du Houssay ... 600 l.
—	Leconte ... 20 l.
—	Charbonneau dit la Botte roïale ... terres
—	Diotte, procureur du roi en l'élection ... rente de 5 l.
—	Marie Robert ... 20 l.
—	Demoiselle de la Fouchardière ... 10 l.
—	N. Bastard, veuve de François Mesmin, sieur de Grandbourg : 400 l.
—	Cardinal de Bouillon ... rente de 10 setiers de froment
1684	Elisabeth Mesmin ... 400 l.
—	Demoiselle des Garennes, ... 20 l.
1685	Jacquette Thibault ... rente de 10 l.
1686 (1)	Le Boistel, prieur de Chalais ... 100 l.

(1) Legs et dons faits aux pauvres ou à l'église de la religion protestante et dont la Maison de Charité a été mise en possession en 1686 :

1634	Jacques Olivier, sieur de la Croizette, lieutenant particulier en l'élection : 120 l.
1642	Pierre Malherbe, sieur de Preuilli ... 300 l.
1643	Marie Guérin, veuve d'Artus Bertin, sieur de Varennes ... 300 l.
1649	Jaquette Lesuire, femme de Jean Lesuire Le jeune, sieur de Vâtre : 50 l.
1652	Lad. Marie Guérin ... 150 l.

1687 Jacques Delafois.............................. rente de 6 l.
1691 Anne Gouin.............................. 4330 l. et domaines
— Marguerite Pillon .... 2400 l.
— Amiette, chanoine de la cathédrale de Tours............ 20 l.
— Isaac Montault, sieur des Isles, avocat .... 200 l.
1692 René Delafois, maçon................. rente de 4 l. et maison
1694 Anonyme.............................. 180 l.
1695 Pierre Hulin, écuyer, sieur du Vert........... rente de 74 l.
1697 Paul Aubry, sieur de Feste, avocat..................... 100 l.
1698 3 anonymes.............................. 750 l.
— Jacques Delafois .... rente de 6 l. 12 s.
1699 Madame de Montespan................... 99 aunes de toile
— Louise Normand, veuve d'Auguste Dumoustier, avocat : 1000 l.
1702 Anonyme.............................. 300 l.
1706 Perrine Folliau, veuve d'Antoine Ribault, marchand : r. de 90 l.
1708 Marguerite Triffault, v^e^ de Nicolas Curieux, s^r^ de Nouzilly : 2000 l.
— Chauvet, juge à la Prévôté et Marie Prevost, sa femme.... 3 l.
1710 Pierre-Louis Esmard, présitlent en l'élection.......... 400 l.
— Jean Loisillon, jardinier.............................. 150 l.
1711 Catherine Charles, v^e^ de Pierre David, s^r^ de Fontaine: r. de 67 l. 10 s.
— Marie Levesque, veuve de Louis Dreux, notaire à Meron : r. de 40 l.
1712 Anne Gouin, hospitalière de Saint-Thomas de Villeneuve : 200 l.
1713 Françoise Mignon et René Rogier, veuve de Jérôme
Mignon, sa mère : rente de 35 boisseaux de froment et 5 poulets
— Demoiselle Le Sesne de Menille de Themericourt : remise de devoirs féodaux.
1715 Marguerite Oryau, servante de la Maison de Charité.... 200 l.
1718 Michel Laurent, procureur.............................. 400 l.
1719 Marie Drouin .... 600 l.
— Louise-Marie Terrier................. 490 l. et rente de 26 l.
— Jeanne Roiou .... maison rue des Parcheminiers
— André Roi, curé de Chasseignes..................... 2400 l.
1720 Marie Aubineau, veuve d'André Robineau .... 1000 l.
1721 Catherine Herbault.......................... rente de 25 l.
— Renée de Grenouillon de la Rouvraye.... ...... rente de 15 l.
1725 Roy, mendiant.............................. 142 l. 16 s.
— René Jamain .... rente de 9 l. 5 s. et maison
— Pierre Teysonnière, curé de Saix .... tous ses meubles
1726 Marie Aubineau, veuve d'André Robineau .... rente de 20 l.
1727 Marie Mitonneau, servante.............................. 250 l.
— Esther Cornu, servante.............................. 300 l.
— Marie Delhumeau, servante .... rente de 100 s.
1733 Louis Guerin, serger.............................. 200 l.
1742 François-Guillaume Mignon, procureur du roi à la
Maréchaussée, et Françoise-Marie Mignon. . . rente de 12 l.
1745 Anne-Françoise Guyon de la Boullaye : métairie de la Boulaye estimée 17,000 l.
1746 Louis Debrou, aumônier de la Visitation .... 2000 l.
1760 Jean Landry........................ 81 l. et des meubles.

1760 Marie-Marguerite de Beauregard.............. rente de 138 l.
1762 Suzanne Pasquier, veuve de Pierre Confex, notaire. . meubles.
— Marie-Catherine Lambert, veuve de Second Doppy, de Marly, près Paris. . boucles d'oreilles en diamant, un baromètre, une petite montre et divers meubles.
1763 Marie Linacier de la Gaudronnière .... 500 l.
1764 Marthe Thibault de Villeneuve........................ 600 l.
— Louise Montault.. 650 l.
1767 Marguerite Meschin .... 812 l.
1770 Marie-Anne-Hippolyte de Malmain de Moreuil. . . . . 24,000 l.
1771 Anne Bastard .... 750 l.
1779 Marie-Anne Albert, veuve de Denis de Milly, marchand : rente de 25 l. et domaines.
1786 Pierre Aubineau, maçon, et Jeanne Guilbaud, sa femme : r. de 60 l.

Loudun. — Imprimerie A. Roiffé, place Carnot

ADDENDUM

NOTES

SUR L'AUMONERIE DE SAMMARÇOLLES

ET LA LÉPROSERIE DE BERRIE

Un document découvert aux Archives Nationales nous permet de compléter la notice que nous avons consacrée à l'aumônerie de Sammarçolles (1). C'est la déclaration féodale suivante rendue par le prieur Mathurin Clément le 6 août 1573 :

« C'est la déclaration de tous les héritages, biens immeubles et revenus appartenant à l'Aulmosnerie de Sammarçolles on pays de Lodunois, que mect et baille Me Mathurin Clément, aulmosnyer de la dicte aulmosnerye, par devant vous MM. les Commissaires ordonnés pour le roy sur le faict des francs fiefs et nouveaulx acquêts et selon l'édict du roy, ainsy qu'il s'ensuict :

(1) V. *Journal de Loudun* du 31 mars 1895.

Premièrement une maison et appartenance aveeque ung clous de vigne enfermé do murailles, joignant au chemin de Sammarçolles à Préaulx et au chemin tendant de Lodun à Estrepied ; laquelle maison et mœurs du dict clous sont presque tous estéz rompuez et desmolyz pendant les troubles qui ont eu cours eydavant au dict pays de Lodunois et ès euvyrons, tellement qu'on n'y soroit habiter sans y faire de grandes réparations et n'y soroit souffrir les fruictz et revenus de cincq ou six ans.

Item le nombre de quatre septiers de bleds à cause de certaines chauses héritaulx, lesquelz debvoirs son fort mal recogneuz et payé, dès et puis lesd. troubles, depuis lesquels les débiteurs n'ont voulleu payer et ne peut led. aulmosnyer contraindre parceque ses tiltres luy ont esté pilléz et vollés pendant iceulx dicts troubles.

Item (12 pièces de terre).

Quy est tout ce qui appartient et est des dépendances de lad. aulmosnerye et y faict led. aulmosnyer arest; lesquelles choses, ne sont de grands revenuz parcequ'elles sont en petys et ligers terroirs craignant la nieble, gresle, gelée et sont subgettes aux eaulx et pour ces causes peu fertiles de sorte que le plus souvant à grend peine on y culle la sepmance et a esté contrainct led. aulmosnyer par l'espace de quatre ou cinq ans (veu la povreté du pays, par le moyen desd. guerres, niebles, gresle, gellée), donner aux povres, à quy a falleu un grand nombre, tout le revenu tant sepmance que aultre; encore n'y en avoit-il que bien peu pour sepmance et son vivre ; après a ésté contrainct de s'achater et par ce s'est endebté de 3 ou 400 livres qu'il doict encore à présent pour cause que dessus et pour avoyr garny la dicte aulmosnerye de hardes et ustancille au lieu que ceulx que la gendarmerye et troubles ont ostéz et emportéz.

Faict à Loudun par devant nous notaire soubsignés aujourd'huy sixiesme jour d'aoust 1573. (Signé) Clément, Hamelin et Rorteau.

Mathurin Clément était encore aumônier en 1595.

(*Archives Nationales*, P-773 — 100 B.)

⁂

L'aveu rendu au roi, le premier novembre 1448, par Louis d'Amboise, vicomte de Thouars, pour la chatellenie de Berrie nous fait connaître qu'il y avait en ce lieu une léproserie qui disparut dans la suite :

« Item, avoue-t-il, la maladrerie ou ladrerie qui est assise en les dits lieux de Berrie ou du Bas Nueil pour loger et héberger les dits ladres et malades paroessiens de la dite paroesse à leur vie et recevoir les trespassans pour ung jour et une nuiet seulement. »

(*Arch. Nat.* reg. d'aveux).

Extrait du *Journal de Loudun,* de la *Revue du Haut-Poitou* et de la *Revue Poitevine* (années 1895-1896).

www.ingramcontent.com/pod-product-compliance
Ingram Content Group UK Ltd.
Pitfield, Milton Keynes, MK11 3LW, UK
UKHW031919260826
14628UKWH00003B/1301

9 782019 709334